高等学校信息技术
人才能力培养系列教材

Python

基础教程

第3版

王欣 孙勤红 徐新 / 主编

张方毅 徐蕾艳 田静 周晓梅 / 副主编

人民邮电出版社

北 京

图书在版编目（CIP）数据

Python 基础教程 / 王欣，孙勤红，徐新主编.
3 版. -- 北京 ：人民邮电出版社，2025. --（高等学校
信息技术人才能力培养系列教材）. -- ISBN 978-7-115
-67846-1

Ⅰ. TP312.8

中国国家版本馆 CIP 数据核字第 2025M1L994 号

内 容 提 要

本书主要介绍了 Python 的基础知识，内容覆盖《全国计算机等级考试（NCRE）二级 Python 语言程序设计考试大纲（2025 年版）》的要求。本书共 10 章，内容包括 Python 概述、程序基础语法、程序的控制结构、序列数据结构、函数、模块、函数式编程、面向对象程序设计、文件与目录操作、图形用户界面编程。本书每章都安排了习题，以便读者更好地巩固所学知识。

本书可作为普通本科学校及高等职业院校 Python 语言课程的教材，也可作为全国计算机等级考试二级 Python 语言程序设计的参考教材，还可作为 Python 编程爱好者的自学教材。

- ◆ 主　编　王　欣　孙勤红　徐　新
　　副主编　张方毅　徐蕾艳　田　静　周晓梅
　　责任编辑　张　斌
　　责任印制　胡　南
- ◆ 人民邮电出版社出版发行　　北京市丰台区成寿寺路 11 号
　邮编 100164　电子邮件 315@ptpress.com.cn
　网址 https://www.ptpress.com.cn
　北京市艺辉印刷有限公司印刷
- ◆ 开本：787×1092　1/16
　印张：11.75　　　　　　　　　2025 年 8 月第 3 版
　字数：337 千字　　　　　　　2025 年 8 月北京第 1 次印刷

定价：49.80 元

读者服务热线：(010) 81055256　印装质量热线：(010) 81055316
反盗版热线：(010) 81055315

Python 已经成为当前主流的程序设计语言。尽管 Python 语言课程的教学在我国高校中起步相对较晚，但它的发展势头异常迅猛。如今，国内已有众多高校将 Python 语言课程纳入教学体系之中。Python 凭借其广泛的适用性，不仅在工科类相关专业中被设为专业课程，在非工科专业中也被列为通识教育的一部分，广受欢迎与重视。

本书第 1 版于 2015 年出版，第 2 版于 2018 年出版，先后印刷多次，这表明了读者对本书的认可。这既是对编者的鼓励，也是对编者的鞭策。本书的编者均已从事多年的 Python 教学工作，经历了多轮教学实践，在对 Python 语言程序设计的教学内容、实践环节进行不断的研究、探讨、改进过程中，产生了一些新的认识。因此，编者认为有必要进行修订改版。相对于第 2 版，本书第 3 版主要在以下方面做了改进。

（1）重新调整了章节顺序，使本书内容结构逻辑更加清晰，层次更加分明。

（2）对照《全国计算机等级考试（NCRE）二级 Python 语言程序设计考试大纲（2025 年版）》，增加了第 2 版中缺少的知识点。

（3）增加了一些经典算法（如递归、斐波那契数列等）的讲解，使读者在学习基础语法的同时可以构建一定的计算思维能力。

（4）增加了 AI 大模型辅助编程的内容，帮助读者在具备 Python 基础编程能力的情况下，能够达到更高的编程水平。

本书共 10 章，主要对照《全国计算机等级考试（NCRE）二级 Python 语言程序设计考试大纲（2025 年版）》的要求，介绍 Python 的基础知识。此外，为配合一些工科专业讲授 Python 语言课程的需要，本书还增加了函数式编程及图形用户界面编程等内容。本书在内容的选择及深度的把握上充分考虑初学者的特点，在内容安排上力求做到循序渐进。本书理论结合实践，讲解细致，所有源程序均在 Python 3.5.3 环境下运行通过。

本书每章都配有相应的习题，以帮助读者巩固所学知识，学以致用。本书的附录还提供了 PyCharm 的安装与使用，以及 AI 大模型辅助编程的内容。

本书还提供教学 PPT 课件、源程序文件和习题参考答案等配套资源，读者可登录人邮教育社区（www.ryjiaoyu.com）免费下载。

由于编者水平有限，书中难免存在不足之处，敬请广大读者批评指正。

编者

2025 年 5 月

目录

第 1 章 Python 概述

    Python 是一种解释型、面向对象且支持动态数据类型的高级程序设计语言，是深受广大开发者欢迎的程序设计语言之一。本章将介绍 Python 的基本内容。

    很多读者都存在这样一个观点，即编程很难学。事实上，学习编程并不是一件很难的事情，因为编程是有一定的框架和模式的，只要理解这些框架和模式，稍加练习就会取得很好的学习效果。学习一门编程语言，首先要掌握该编程语言的语法；其次要学会结合所要解决的实际问题来设计程序结构，从程序块、功能块角度理解并设计整个程序框架；最后要掌握解决方案的设计和实践能力，即从理解所要解决的问题开始，设计问题的解决方案，并使用编程语言来实现。这就如同我们在日常生活中要解决一个问题，一定是先分析这个问题，寻找解决这个问题的最优方案，有了最优解决方案后，再付诸行动去解决问题。

    近年来，随着人工智能（Artificial Intelligence，AI）技术的快速发展，AI 大模型为学习编程带来了诸多便利，如提供即时反馈、个性化学习路径、代码生成与优化、快速知识查询及项目开发支持等，显著提升了学习效率和实践能力。本书将在附录 2 中详细介绍 AI 大模型辅助编程的相关内容。然而，AI 大模型无法完全替代编程学习，因为编程的核心要求是具备逻辑思维能力、问题解决能力、创造力和系统设计能力，而这些能力需要通过实践和积累经验来培养。此外，编程中的调试、团队协作、伦理判断等技能也需要在实际项目中锻炼。因此，AI 大模型应作为辅助工具，帮助学习者更高效地掌握编程技能，但编程的系统性学习和实践仍是不可缺少的。

1.1 初识 Python

    本节将简要介绍 Python 的诞生、发展过程，以及它所具备的特性。

1.1.1 Python 简介

    Python 于 20 世纪 80 年代末由荷兰人吉多·范罗苏姆（Guido Van Rossum，见图 1-1）设计实现。

图 1-1　吉多·范罗苏姆

1991 年，吉多·范罗苏姆公布了 0.9.0 版本的 Python 源代码。此版本已经实现了类、函数、列表、字典和字符串等基本的数据类型。0.9.0 版本还集成了模块，将模块描述为 Python 主要的编程单元。

1994 年，Python 1.0 版本正式发布，该版本新增了函数式编程工具。

Python 2.0 集成了列表推导式（List Comprehension）。

Python 3.0 也被称为 Python 3000 或 Py3k。相对于 Python 的早期版本，Python 3.0 是一个较大的升级。为了减轻包袱，Python 3.0 在设计时没有考虑向下兼容。很多基于早期 Python 版本设计的程序都无法在 Python 3.0 上正常运行。为了兼顾已有程序，Python 2.6 被设定为过渡版本，其基本沿用了 Python 2.x 的语法和库，同时考虑了向 Python 3.0 迁移的需求，允许使用部分 Python 3.0 的语法和函数。那些基于早期 Python 版本开发，且能在 Python 2.6 正常运行且无警告提示的程序，可以通过一个"2 to 3"的转换工具无缝迁移到 Python 3.0。

经过多年的发展，Python 已成为非常流行的程序开发语言。到底有多流行呢？让我们看看知名的 TIOBE 编程语言排行榜。TIOBE 编程语言排行榜是编程语言流行趋势的一个指标，每月更新一次，这份排行榜的排名依据是互联网上有经验的程序员数量、课程数量和第三方厂商数量。排名使用先进的搜索引擎进行统计。该排行榜可以用来提示程序员与时俱进，促使其及时掌握主流的编程语言；也可以在开发新系统时作为一个语言选择依据。

2025 年 2 月的 TIOBE 编程语言排行榜显示，Python 排名第一，且市场份额在快速增长，如图 1-2 所示。

Feb 2025	Feb 2024	Change		Programming Language	Ratings	Change
1	1			Python	23.88%	+8.72%
2	3	^		C++	11.37%	+0.84%
3	4	^		Java	10.66%	+1.79%
4	2	v		C	9.84%	-1.14%
5	5			C#	4.12%	-3.41%
6	6			JavaScript	3.78%	+0.61%
7	7			SQL	2.87%	+1.04%
8	8			Go	2.26%	+0.53%
9	12	^		Delphi/Object Pascal	2.18%	+0.78%
10	9	v		Visual Basic	2.04%	+0.52%
11	11			Fortran	1.75%	+0.36%
12	15	^		Scratch	1.54%	+0.36%
13	18	^		Rust	1.47%	+0.42%
14	10	v		PHP	1.14%	-0.37%
15	21	^		R	1.06%	+0.07%
16	13	v		MATLAB	0.98%	-0.28%
17	14	v		Aasembly language	0.95%	-0.24%
18	19	^		COBOL	0.82%	-0.18%
19	20	^		Ruby	0.82%	-0.17%
20	24	^		Prolog	0.80%	+0.03%

图 1-2　2025 年 2 月的 TIOBE 编程语言排行榜

1.1.2　Python 的特性

下面简要介绍 Python 的特性。

（1）简单易学：Python 很简洁，语法很简单，用户只需要掌握基本的英文单词就可以读懂 Python 程序。这对初学者无疑是个好消息。因为简单就意味着易学，可以很轻松地上手。

（2）Python 是开源的、免费的：开源是开放源代码的简称。用户可以免费获取 Python 的发布版本源代码，可以阅读甚至修改源代码。很多志愿者将自己的源代码添加到 Python 中，从而使其日臻完善。

（3）Python 是高级语言：与 Java 一样，Python 不依赖任何硬件系统，因此属于高级语言。用户在使用 Python 开发应用程序时，不需要关注低级的硬件问题，如内存管理。

（4）高可移植性：由于开源的缘故，Python 兼容很多平台。如果用户在编程过程中多加留意系统依赖的特性，那么 Python 程序无须进行任何修改，就可以在各种平台上运行。Python 支持的平台包括 Linux、Windows、FreeBSD、macOS、Solaris、OS/2、AmigaOS、AROS、AS/400、BeOS、OS/390、z/OS、Palm OS、QNX、VMS、Acorn RISC OS、VxWorks、Windows CE 和 Pocket PC 等。

（5）Python 是解释型语言：计算机不能直接理解高级语言，只能直接理解机器语言。使用解释型语言编写的源代码不是直接翻译成机器语言，而是先翻译成中间代码，再由解释器对中间代码进行解释运行。因此，使用 Python 编写的程序不需要翻译成二进制的机器语言，而是直接从源代码运行，即运行 Python 程序时，先由 Python 解释器将源代码转换为字节码（中间代码），然后执行这些字节码，如图 1-3 所示。

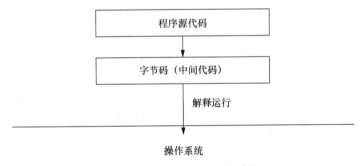

图 1-3　Python 程序的运行过程

（6）Python 全面支持面向对象的程序设计思想：面向对象是目前最流行的程序设计思想。所谓面向对象，就是基于对象的概念，以对象为中心，以类和继承为构造机制，认识、了解、刻画客观世界及开发出相应的软件系统。

（7）高可扩展性：如果希望一段代码可以很快地运行，或者不希望公开一个算法，则可以使用 C 或 C++编写这段程序，然后在 Python 中调用，从而实现对 Python 程序的扩展。

（8）支持嵌入式编程：用户可以将 Python 程序嵌入 C/C++程序中，从而为 C/C++程序提供处理脚本的能力。

（9）具有功能强大的标准库：Python 标准库非常庞大，提供了丰富的功能模块，涵盖文本处理（如正则表达式、HTML/XML 解析）、网络通信（如 FTP、E-mail、XML-RPC）、数据交换（如 XML、JSON 处理）、系统交互（如多线程、数据库访问）、开发工具（如文档生成、单元测试）、加密与安全（如哈希、加密算法），以及图形用户界面（Graphical User Interface，GUI）开发（如 tkinter）等多个领域，同时还支持与 Web 浏览器交互等扩展功能。

1.2 开始 Python 编程

本节将介绍如何配置 Python 开发环境，并介绍如何编写一个简单的 Python 程序。通过对本节内容的学习，读者可以开始 Python 编程。

1.2.1 下载和安装 Python

访问 Python 官网可以下载 Python 安装程序，如图 1-4 所示。在编写本书时，Python for Windows 的最新版本为 Python 3.13.1。单击"Download Python 3.13.1"按钮，下载 Python 安装程序，下载完成后即可按照向导安装 Python。本书基于 Windows 10+Python 3.5.3 编写，以与全国计算机等级考试的配置要求一致。

图 1-4　下载 Python 安装程序

在 Windows 中安装 Python 后，"开始"菜单的程序列表中会出现一个"Python 3.x"分组。选择其下方的 Python 3.x 选项，就可以打开 Python 命令窗口，如图 1-5 所示。也可以通过打开 Windows 命令窗口，运行 Python 命令来打开 Python 命令窗口。

图 1-5　Python 命令窗口

Python 命令实际上就是 Python 的解释器。在>>>后面输入 Python 程序，按"Enter"键后输入的程序即可被解释执行。例如，输入下列代码，可以输出"我是 Python"，如图 1-6 所示。代码中的 print()函数用于输出数据。

```
print('我是 Python')
```

图 1-6　输出"我是 Python"的结果

1.2.2 执行 Python 脚本文件

1.2.1 小节介绍了在命令行中执行 Python 程序的方法。这正是解释型语言的特点，语句可以一行一行地解释执行，不需要编译生成一个.exe 文件。除了上述方法，还可以在 Shell 界面中运行 Python 程序。

【例 1-1】　在 Shell 界面中使用 Python 编写输出"Hello World"的程序，如图 1-7 所示。

```
Python 3.5.3 Shell                              —    □    ×
File  Edit  Shell  Debug  Options  Window  Help
Python 3.5.3 (v3.5.3:1880cb95a742, Jan 16 2017, 15:51:26) [MSC v.1900 32 bit (In
tel)] on win32
Type "copyright", "credits" or "license()" for more information.
>>> print("Hello World")
Hello World
>>>
```

图 1-7　在 Shell 界面中编程

第 1 行的">>>"是 Python 运行环境的提示符。

第 2 行的"Hello World"是 Python 语句的执行结果。

1.2.3　Python 的基本语法和规范

本小节介绍 Python 的基本语法和规范，这些都是编写 Python 程序需要了解和注意的。

1. Python 语句

Python 程序由 Python 语句组成，通常一行编写一个语句。示例如下。

```
print('Hello,')
print('I am Python')
```

Python 语句可以没有结束符，不像 C 或 Java 那样在语句后面必须有分号";"表示结束。当然，在 Python 程序中，也可以根据习惯在语句后面使用分号";"表示结束。

在 Python 中，可以把多个语句写在一行，此时就要在语句后面加上分号";"来表示结束。

【例 1-2】　把多个语句写在一行。

```
print('Hello,'); print('I am Python');
```

2. 缩进

缩进是指在代码行前面添加空格或制表符（Tab），通过这种方式能够使程序具备更清晰的层次和结构，从而使程序更易读。缩进是 Python 中表明程序框架的唯一手段。

在 Python 程序中，缩进不是任意的。平级的语句行（代码块）的缩进必须相同。

在 Python 中，1 个缩进=4 个空格。

【例 1-3】　语句缩进示例。

```
print('Hello,');
 print('I am Python');
```

上述程序的运行结果如下：

```
unexpected indent
```

从输出的错误信息中可以看到，unexpected indent 表明缩进格式不对。这是因为第 2 行语句的开始有 1 个空格。可见，Python 的缩进规定是很严谨的。

3. 代码注释

注释用于为程序添加说明性的文字。Python 在运行程序时，会忽略被注释的内容。Python 注释有单行注释和多行注释。

单行注释用"#"表示注释开始，"#"之后的内容不会被执行。单行注释可以单独占一行，也可以放在语句末尾。多行注释使用 3 个英文单引号（"""）或 3 个英文双引号（"""）作为注释的开始和结束符号。

【例 1-4】 代码注释示例。

```
"""多行注释开始
下面的代码根据变量 x 的值计算 y
注意代码中使用缩进表示代码块
多行注释结束
"""
x = 5
if x > 100:
    y = x * 5 -1       #单行注释：x>100 时执行该语句
else:
    y = 0              #x<=100 时执行该语句
print(y)               #输出 y
```

4. 代码续行

通常，Python 中一条语句占一行，没有类似于 C 和 Java 中的分号等语句结束符号。在遇到较长的语句时，可以使用语句续行符号，将一条语句写在多行之中。

Python 有以下两种续行方式。

（1）使用 "\" 符号。注意在 "\" 符号之后不能有任何其他符号，包括空格和注释。

【例 1-5】 代码续行示例。

```
if x <100 \
   and x >10:
   y = x * 5 -1
else:
   y = 0
```

（2）特殊情况下的续行方式：使用括号（包括圆括号()、方括号[]和花括号{}等），括号中的内容可分多行书写，括号中的空格和换行符都会被忽略。

【例 1-6】 代码续行示例。

```
if (x <100     #这是多行语句中的注释
   and x >10):
   y = x * 5 -1
else:
   y = 0
```

1.3 Python 文本编辑器 IDLE

本节主要介绍 Python 文本编辑器 IDLE 的具体操作方法。

1. 打开 Python 文本编辑器 IDLE

Python 对文本编辑器没有特殊要求，用户完全可以使用 Windows 记事本来编辑 Python 程序。但是 Windows 记事本的功能太简单，且没有对 Python 的特殊支持，因此不建议使用。

本节介绍 Python 自带的文本编辑器 IDLE。它的启动文件是 idle.bat，位于 C:\Python34\Lib\idlelib 目录下。运行 idle.bat，即可打开 Python 文本编辑器 IDLE，如图 1-8 所示。也可以在 "开始" 菜单的程序列表中，选择 "Python 3.5" 分组下面的 "IDLE（Python 3.5 32-bit）" 选项，打开 Python 文本编辑器 IDLE。

图 1-8　Python 文本编辑器 IDLE

稍微有点遗憾的是，Python 文本编辑器 IDLE 没有汉化版。不过对学习 Python 编程的读者来说，Python 文本编辑器 IDLE 菜单中的英文很简单。

2. 新建 Python 脚本

打开 Python 文本编辑器 IDLE，执行 "File/New File" 菜单命令（或按 "Ctrl+N" 组合键），即可新建 Python 脚本，窗口标题显示脚本名称，初始时为 Untitled，也就是还没有保存 Python 脚本，如图 1-9 所示。

图 1-9　新建 Python 脚本的窗口

3. 保存 Python 脚本

打开 Python 文本编辑器 IDLE，执行 "File/Save" 菜单命令（或按 "Ctrl+S" 组合键），即可保存 Python 脚本。如果是第 1 次保存，则会弹出 "另存为" 对话框，要求用户输入保存的文件名、文件类型。

4. 打开 Python 脚本

打开 Python 文本编辑器 IDLE，执行"File/Open ..."菜单命令（或按"Ctrl+O"组合键），系统弹出"打开文件"对话框，要求用户选择要打开的.py 文件名。

也可以右击.py 文件，在弹出的快捷菜单中选择"Edit with IDLE"命令，即可直接打开 Python 文本编辑器 IDLE 编辑该脚本。

5. 语法高亮

Python 文本编辑器 IDLE 支持语法高亮，也就是说，Python 文本编辑器 IDLE 能够以彩色标识出 Python 的关键字，告诉用户这个词存在特殊作用。

例如，在 Python 文本编辑器 IDLE 中查看例 1-1 所示程序，print 显示为紫色，字符串显示为绿色。

6. 自动完成

自动完成是指用户在输入单词的开头部分后，Python 文本编辑器 IDLE 可以根据语法或上下文自动完成后面的部分。执行"Edit/Expand Word"菜单命令（或按"Alt+/"组合键），即可实现自动完成功能。例如，输入 pr 后按"Alt+/"组合键即可自动完成 print。

也可以输入 Python 保留字（常量名或函数名等）的开头字母，再执行"Edit/Show Completions"菜单命令（或按"Ctrl+Space"组合键），系统将弹出提示框，显示可能的补全选项，如图 1-10 所示。不过，"Ctrl+Space"组合键与切换输入法的功能键之间可能会存在冲突，应尽量不使用该组合键。

图 1-10　自动完成提示框

用户可以从提示列表中选择合适的选项，实现自动完成功能。

7. 语法提示

Python 文本编辑器 IDLE 还可以显示语法提示，以帮助用户完成输入。例如，输入"print("，系统会弹出一个语法提示框，显示 print()函数的语法，如图 1-11 所示。

图 1-11　语法提示

8. 运行 Python 程序

打开 Python 文本编辑器 IDLE，执行"Run / Run Module"菜单命令（或按"F5"键），即可在 Python 文本编辑器 IDLE 中运行当前的 Python 程序。例如，运行例 1-2 的界面如图 1-12 所示。

如果程序中有语法错误，则运行时会弹出一个 invalid syntax 提示，将有一个浅红色方块定位在错误处。例如，运行下面程序。

```
print(,'Hello,');
```

在 print() 函数中多了一个逗号，多出的逗号处有一个浅红色方块，如图 1-13 所示。

图 1-12　运行例 1-2 的界面

图 1-13　运行时浅红色方块定位在错误处

本书采用黑白印刷，文中所述颜色在图中无法直观呈现，请读者自行操作验证。

习题

一、选择题

1. 下列不属于 Python 特性的是（　　）。

   A．简单易学　　　B．开源的、免费的　　　C．属于低级语言　　　D．高可移植性

2. Python 脚本文件的扩展名为（　　　）。

    A. .python   B. .py   C. .pt   D. .pg

3. Python 的基本执行方式是（　　　）。

    A. 直接执行   B. 编译执行   C. 解释执行   D. 汇编执行

4. Python 的注释标识是（　　　）。

    A. 双斜杠   B. 惊叹号   C. #   D. 单引号

5. Python 的续行标识是（　　　）。

    A. #   B. \\   C. @   D. –

6. Python 采用严格的缩进来表明程序的框架，下列说法不正确的是（　　　）。

    A. 缩进是指每一行代码开始前的空白区域，用来表示代码之间的包含和层次关系

    B. 在代码编写中，缩进可以使用"Tab 键"来实现，也可以使用多个空格来实现，但二者不混用

    C. 缩进有利于程序代码的可读性，并不影响程序结构

    D. 不需要缩进的代码顶行编写，不留空白

7. Python 属于（　　　）。

    A. 机器语言   B. 汇编语言   C. 高级语言   D. 科学计算语言

8. 下列叙述正确的是（　　　）。

    A. Python 3.x 和 Python 2.x 可以兼容

    B. Python 只能以程序方式执行

    C. Python 是解释型语言

    D. Python 出现得晚，具有其他高级语言的一切优点

9. 在 Python 集成开发环境中，可使用（　　　）键运行程序。

    A. "Ctrl+S"组合   B. "F5"

    C. "Ctrl+N"组合   D. "F1"

10. 下列关于 Python 的说法中，错误的是（　　　）。

    A. Python 是从 ABC 语言发展起来的   B. Python 是一门高级的计算机语言

    C. Python 是一门只面向对象的语言   D. Python 是一种代表简单主义思想的语言

二、编程题

1. 编写程序，使用 print()函数在屏幕上输出"Hello, Python!"。

2. 编写程序，使用 print()函数在屏幕上输出"人生苦短，我用 Python。"。

第 2 章　程序基础语法

本章将介绍 Python 程序的基础语法，包括输入输出函数、常量、变量、数据类型、运算符等内容，为使用 Python 开发应用程序奠定基础。

2.1　输入与输出

在 Python 中，输入输出（Input/Output，I/O）操作是用户与程序交互的基础。

2.1.1　输入数据

在 Python 中，input()函数用于接收用户输入的数据。

1. 输入字符串

在 Python 中，使用 input()函数输入字符串的语法格式如下。

```
变量 = input("提示字符串")
```

其中，变量和提示字符串均可省略。input()函数用于将用户输入的内容以字符串的形式返回。用户按"Enter"键完成输入，按"Enter"键之前的全部字符均作为输入内容。

【例 2-1】　使用 input()函数接收用户输入的数据。

```
name = input("请输入您的姓名: ")
print("=================")
print("您好",name)
```

程序使用 input()函数提示用户输入姓名，并将用户输入的姓名字符串赋给变量 name，最后进行输出。程序的运行界面如图 2-1 所示。

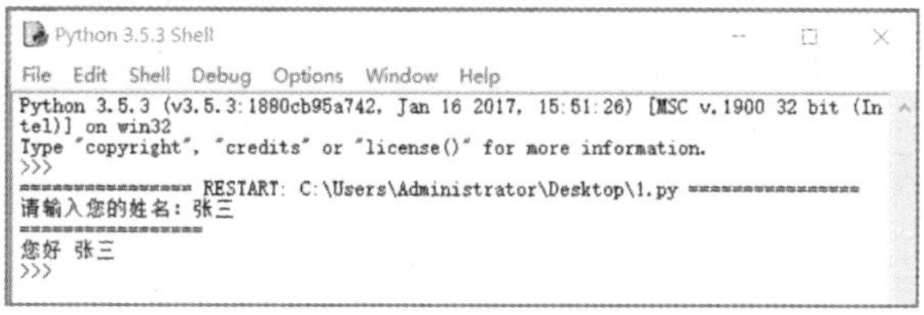

图 2-1　例 2-1 程序的运行界面

2. 输入整数或小数

如果需要输入整数或小数，则需要使用 int()或 float()函数进行转换。

【例 2-2】　使用 int()函数将用户输入的数据作为整数进行处理。

```
a = int(input("请输入一个整数："))
sum = a + 1
print(sum)
```

程序使用 input()函数提示用户输入一个整数，由于 input()函数可将用户输入的内容以字符串的形式返回，所以程序在 input()函数的外面嵌套一个 int()函数，将输入的数据作为整数进行处理。在例 2-2 中，首先给变量 a 赋值"5"，此时它是字符串变量；然后使用 int()函数将变量 a 转换为整数并加上 1，再赋给变量 sum；最后使用 print()函数输出变量 sum。程序的运行界面如图 2-2 所示。

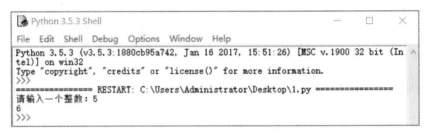

图 2-2　例 2-2 程序的运行界面

3. 将输入内容转换为有效表达式

在 Python 中，eval()函数和 input()函数经常一起使用。eval("字符串")用于将输入的字符串转变为 Python 语句，并执行该语句。简单来说，eval()函数将字符串当成有效的表达式来求值并返回计算结果。

【例 2-3】　eval()函数与 input()函数的嵌套使用。

```
a = eval(input("请输入一个数："))
sum = a + 1
print(sum)
```

程序使用 input()函数提示用户输入一个数，由于 input()函数可将用户输入的内容以字符串的形式返回，所以程序在 input()函数的外面嵌套一个 eval()函数，将输入的数据作为有效表达式进行处理。在例 2-3 中，首先输入整数"1"，然后使用 eval()函数将变量 a 转换为能够加上 1 的有效表达式，并将计算结果 2 赋给变量 sum，最后使用 print()函数输出变量 sum。程序的运行界面如图 2-3 所示。

```
Python 3.5.3 Shell
File  Edit  Shell  Debug  Options  Window  Help
Python 3.5.3 (v3.5.3:1880cb95a742, Jan 16 2017, 15:51:26) [MSC v.1900 32 bit (In
tel)] on win32
Type "copyright", "credits" or "license()" for more information.
>>>
================ RESTART: C:\Users\Administrator\Desktop\1.py ================
请输入一个数：1
2
>>>
```

图 2-3　例 2-3 程序输入"1"的运行界面

如果在例 2-3 中，首先输入整数"1.1"，则 eval()函数会将变量 a 转换为能够加上 1 的有效表达式；然后，程序将计算结果 2.1 赋给变量 sum；最后，程序使用 print()函数输出变量 sum。程序的运行界面如图 2-4 所示。

```
Python 3.5.3 Shell                                           —    □    ×
File  Edit  Shell  Debug  Options  Window  Help
Python 3.5.3 (v3.5.3:1880cb95a742, Jan 16 2017, 15:51:26) [MSC v.1900 32 bit (In
tel)] on win32
Type "copyright", "credits" or "license()" for more information.
>>>
=============== RESTART: C:\Users\Administrator\Desktop\1.py ===============
请输入一个数：1.1
2.1
>>>
```

图 2-4　例 2-3 程序输入"1.1"的运行界面

2.1.2　输出数据

1.　print()函数

在 Python 中，print()函数用于完成输出操作。print()函数的语法格式如下。

```
print(objects, sep=' ', end='\n', file=sys.stdout, flush=False)
```

（1）objects：表示要输出的对象，可以是一个或多个对象。如果输出多个对象，则需要使用逗号进行分隔。

（2）sep：用于指定多个对象之间的分隔符，默认为空格。可以设置为其他字符，如逗号、制表符等。

（3）end：用于指定输出结束时的字符，默认为换行符 \n。可以设置为其他字符，如空格、感叹号等。

（4）file：指定输出的文件对象，默认为标准输出 sys.stdout。如果指定了文件对象，则输出内容将写入该指定文件。

（5）flush：从 Python 3.3 开始引入，用于指定在每次调用后是否立即刷新输出缓冲区，默认为 False。

print()函数的所有参数都可以省略。无参数时，print()函数输出一个空行。

【例 2-4】　输出一个或多个对象。

```
print(123)
print(123,'abc',45,'book')
```

运行结果如下。

```
123
123 abc 45 book
```

【例 2-5】　使用 sep 参数指定输出分隔符。

```
print(123,'abc',45,'book',sep = '#')
```

运行结果如下。

```
123#abc#45#book
```

【例 2-6】　使用 end 参数指定输出结尾符号。

```
print("price");print(100)      #每执行一次 print()函数，默认输出换行符 \n
print("price",end = "=");print(100)
```

运行结果如下。

```
price
100
price=100
```

13

2. 格式化输出

（1）格式化输出字符串

在输出字符串时，可以使用 "%s" 作为参数，代表后面指定要输出的字符串。语法格式如下。

```
print("…%s…" %(string))
```

输出时，字符串 string 会出现在 %s 的位置。

【例 2-7】 以格式化参数的形式输出字符串。

```
name="Python"
print("您好，%s! " %(name))
```

运行结果如下。

```
您好，Python!
```

print() 函数的参数列表可以有多个参数，语法格式如下。

```
print("…%s…%s…%s" %(string1,string2,…,stringn))
```

输出时，string1、string2、…、stringn 会出现在对应的 %s 位置。

【例 2-8】 在 print() 函数中使用多个参数。

```
yourname="小李"
myname="小张"
print("您好，%s! 我是%s。" %(yourname,myname))
```

运行结果如下。

```
您好，小李! 我是小张。
```

（2）格式化输出整数

print() 函数支持以格式化参数的形式输出整数，语法格式如下。

```
print("…%d…%d…%d" %(整数 1,整数 2,…,整数 n))
```

输出时，整数 1、整数 2、…、整数 n 会出现在对应的 %d 位置。

【例 2-9】 使用 print() 函数格式化输出整数。

```
i=1
j=2
print("%d+%d=%d" %(i,j,i+j))
```

运行结果如下。

```
1+2=3
```

在 print() 函数的格式化参数中，%s 和 %d 可以同时使用。

【例 2-10】 在 print() 函数的格式化参数中，同时使用 %s 和 %d。

```
strHello='Hello World'
print("the length of (%s) is %d" %(strHello,len(strHello)))
```

运行结果如下。

```
the length of (Hello World) is 11
```

%d 用于输出十进制整数。在格式化参数中可以指定输出十六进制和八进制整数，具体方法如下。

- %x，用于输出十六进制整数。
- %o，用于输出八进制整数。

【例 2-11】 使用 print() 函数输出 255 对应的十六进制和八进制整数。

```
print("255 对应的十六进制整数是%x，对应的八进制整数是%o" %(255,255))
```

运行结果如下。

255 对应的十六进制整数是 ff，对应的八进制整数是 377

（3）格式化输出浮点数

在 print()函数的格式化参数中，使用%f 输出浮点数。

【例 2-12】　使用 print()函数输出 100.0 除以 3 的值。

```
print("100.0/3=%f" %(100.0/3))
```

运行结果如下。

```
100.0/3=33.333333
```

在%f 中，还可以指定浮点数输出时的总长度和小数部分位数，语法格式如下。

```
%总长度.小数部分位数 f
```

浮点数的总长度为整数部分、小数点和小数部分的长度之和。如果整数部分、小数点和小数部分的长度之和小于指定的总长度，则输出时内容靠右对齐，并会在浮点数前面以空格补齐。

【例 2-13】　使用 print()函数输出 100.0 除以 3 的值，总长度为 10，小数部分位数为 3。

```
print("100.0/3=%10.3f" %(100.0/3))
```

运行结果如下。

```
100.0/3=    33.333
```

因为 33.333 的长度不足 10，所以输出时在前面补了 4 个空格。

如果在总长度前面加一个 "-"，则表示输出的内容靠左对齐。

【例 2-14】　使用 print()函数输出 100.0 除以 3 的值，总长度为 10（靠左对齐），小数部分位数为 3。

```
print("100.0/3=%-10.3f" %(100.0/3))
```

运行结果如下。

```
100.0/3=33.333
```

因为 33.333 的长度不足 10，所以输出时在后面补了 4 个空格。

（4）格式化输出指数

在 print()函数的格式化参数中，使用%e 输出指数，即以科学记数法形式输出。默认情况下，数字部分的小数位数为 6 位，指数部分占 4 位（如 e+02）。

【例 2-15】　使用 print()函数输出 12345678 的指数形式。

```
a = 12345678
print('a 的值为: %e'%a)
print('a 的值为: %.3e'%a)
```

运行结果如下。

```
a 的值为: 1.234568e+07
a 的值为: 1.235e+07
```

3. format()函数

Python 中的内置函数 format()主要用于格式化字符串。与传统的%格式化方法相比，format()函数通过将字符串作为模板并传入参数来实现更清晰、更易读的格式化输出，使用花括号{}作为特殊字符代替%。

在 Python 中，format()函数用于创建带有占位符的字符串模板，并将指定的值填充到占位符中。这样可以根据不同的情形动态地构建字符串，使输出更具可读性和可定制性。

（1）使用位置参数（占位符）

format()函数提供了一种灵活的字符串格式化方式，具体用法是：在字符串中使用{}作为占位符标记需要插入变量的位置，再通过 format()函数传入参数进行替换。与传统的%格式化方式不同，format()

函数默认按位置顺序匹配参数，即第 1 个{}对应 format()函数的第 1 个参数，第 2 个{}对应 format()
函数的第 2 个参数，以此类推。这种方式既保持了代码的简洁性，又提高了代码的可读性。

【例 2-16】 使用位置参数（占位符）输出字符串。

```
print('My name is:{},age:{}'.format('TOM',18))
```

运行结果如下。

```
My name is:TOM,age:18
```

如果占位符{}指定了参数的序号，则程序在运行时会按照序号替换对应参数。

【例 2-17】 在 format()函数中，使用多个参数进行输出。

```
print('My name is:{1},age:{0}'.format(18,'TOM'))
```

运行结果如下。

```
My name is:TOM,age:18
```

（2）格式化说明符

格式化说明符指定了如何格式化值，它们紧跟在占位符之后，并使用冒号进行分隔。常用的格
式化说明符如表 2-1 所示。

表 2–1　常用的格式化说明符

格式化说明符	说明
s	字符串
d	整型
f	浮点型
%	百分比

【例 2-18】 在 format()函数中，使用格式化说明符进行输出。

```
print('{:.4f}'.format(1/3))
print('{:.2%}'.format(0.91234))
```

运行结果如下。

```
0.3333
91.23%
```

（3）对齐方式与字符宽度设置

在 format()函数中，可以设置输出内容的对齐方式与字符宽度。对齐符号如表 2-2 所示。对齐符
号前面的字符为空白处填充的字符（默认填充空格），对齐符号后面的数字为输出宽度。

表 2–2　对齐符号

对齐方式	对齐符号
左对齐	<
右对齐	>
居中对齐	^

【例 2-19】 在 format()函数中，设置输出内容的对齐方式与字符宽度。

```
print('左对齐{:#<8}'.format(100))
```

运行结果如下。

```
左对齐100#####
```

（4）使用关键字参数

在 format()函数中，可以使用 "key=value" 来实现一一对应的赋值替换。

【例 2-20】　使用 format()函数实现赋值替换。

```
print('My name is:{name},age:{age}'.format(name='TOM',age=18))
```

运行结果如下。

```
My name is:TOM,age:18
```

（5）数字的进制输出

在 format()函数中，数字默认以十进制的形式输出，也可以转换为二进制、八进制和十六进制的形式进行输出。数字的进制输出说明符如表 2-3 所示。

表 2-3　数字的进制输出说明符

进制	输出说明符
二进制	b
八进制	o
十进制（默认）	d
十六进制	x

【例 2-21】　使用 format()函数实现数值的不同进制输出。

```
print('18 的二进制:{:b}'.format(18))
print('18 的八进制:{:o}'.format(18))
print('18 的十六进制:{:x}'.format(18))
```

运行结果如下。

```
18 的二进制:10010
18 的八进制:22
18 的十六进制:12
```

（6）数字的千分位划分输出

在 format()函数中，实现数字千分位划分输出效果的语法格式为 "{:,}"。

【例 2-22】　使用 format()函数实现数字的千分位划分输出。

```
print('{:,}'.format(19012390123))
```

运行结果如下。

```
19,012,390,123
```

（7）指数形式输出

在 format()函数中，实现指数形式输出效果的语法格式为 "{:e}"。

【例 2-23】　使用 format()函数实现数字的指数形式输出。

```
print('{:e}'.format(19012390123))
print('{:.2e}'.format(19012390123))
```

运行结果如下。

```
1.901239e+10
1.90e+10
```

2.2　保留字与标识符

在 Python 编程中，保留字与标识符是代码的基础组成部分，影响代码的语法结构和可读性。本节将介绍 Python 的保留字与标识符。

2.2.1 保留字

保留字是 Python 中已经被赋予特定意义的一些单词，在开发程序时，其不可以作为变量、函数、类、模块和其他对象的名称来使用。Python 中的保留字如表 2-4 所示。

表 2-4　Python 中的保留字

序号	保留字	序号	保留字	序号	保留字
1	and	12	finally	23	not
2	as	13	for	24	None
3	assert	14	from	25	or
4	break	15	False	26	pass
5	class	16	global	27	raise
6	continue	17	if	28	return
7	def	18	import	29	try
8	del	19	in	30	True
9	elif	20	is	31	while
10	else	21	lambda	32	with
11	except	22	nonlocal	33	yield

注：Python 中的所有保留字是区分字母大小写的。例如，if 是保留字，但 IF 不是保留字。

2.2.2 标识符

标识符可以简单地理解为一个名称，它主要用来标识变量、函数、类、模块和其他对象的名称。Python 的标识符命名规则如下。

- 标识符名称的第 1 个字符必须是字母或下画线（_）。
- 标识符名称的第 1 个字符后面可以由字母、下画线（_）或数字（0～9）组成。
- 不能使用 Python 中的保留字。
- Python 对大小写敏感，保留字和各种自定义标识符（如变量名、函数名等）在使用时必须区分字母的大小写。

Python 标识符的相关说明如下。

- Python 的标识符中不能包含空格、@、%和$等特殊字符。
- Python 中允许使用汉字作为标识符，但建议尽量不要使用汉字作为标识符。

例如，_score、Number 和 number123 是有效的变量名；而 123number（以数字开头）、my score（变量名包含空格）和 my-score（变量名包含减号）不是有效的变量名。

2.3　常量与变量

常量和变量是程序设计语言的基本元素，它们是构成表达式和编写程序的基础。本节将介绍 Python 中的常量和变量。

2.3.1　常量

常量是内存中用于保存固定值的单元，在程序中，常量的值不能发生改变。Python 中没有专门定义常量的方法，也就是说，不能像 C 语言中那样给常量起一个名称。Python 常量包括数字、字符串、布尔值和空值等。例如，数字 7 和'abc'都是常量。

1. 数字

Python 包括整数、浮点数和复数 3 种类型的数字。

（1）整数：表示不包含小数点的实数。例如，1、-1、1009、-209 都是整数。

（2）浮点数：包含小数点的浮点型数字。

（3）复数：可以用 $a+bi$ 表示的数字。其中，a 和 b 是实数，i 是虚数单位。虚数单位是二次方程式 $x^2+1=0$ 的一个解，所以虚数单位也可以表示为 $i = \sqrt{-1}$。

在复数 $a+bi$ 中，a 称为复数的实部，b 称为复数的虚部。

一个复数可以表示为一对数字（a，b）。使用矢量图描述复数，如图 2-5 所示。其中，Re 是实轴，Im 是虚轴。

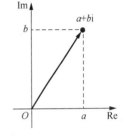

图 2-5　使用矢量图描述复数

2. 字符串

字符串是一个由字符组成的序列。字符串常量使用单引号（'）或双引号（"）括起来，示例如下。

```
'我是一个字符串'
"我是另一个字符串"
```

当需要在字符串中使用特殊字符时，Python 使用反斜杠（\）作为转义字符。例如，需要在用单引号括起来的字符串中使用单引号（'），编写代码如下。

```
'字符串常量使用单引号（'）括起来'
```

在上述代码中，Python 会分不清字符串中的单引号（'）代表的真实含义。此时，就需要使用转义符号，将单引号表示为（\'），代码如下。

```
'字符串常量使用单引号（\'）括起来'
```

当然，也可以使用双引号（"）将包含单引号的字符串括起来，代码如下。

```
"字符串常量使用单引号（\'）括起来"
```

Python 中的常用转义字符如表 2-5 所示。

表 2-5　Python 中的常用转义字符

转义字符	具体描述	转义字符	具体描述
\n	换行	\a	响铃
\r	回车	\b	退格（Backspace）
\'	'	\000	空
\"	"	\v	纵向制表符
\\	\	\t	横向制表符
\（在行尾时）	续行符		

例如，如果字符串中出现单引号（'）或双引号（"），则需要使用转义符号（\）。示例如下。

```
'I\'m a string'
```

3. 布尔值

布尔值通常用来判断条件是否成立。Python 包含两个布尔值，分别是 True（逻辑真）和 False（逻辑假）。布尔值区分大小写，也就是说，true 和 TRUE 不能等同于 True。

4. 空值

Python 有一个特殊的空值常量 None。与 0 和空字符串（""）不同，None 表示什么都没有。None 与其他的数据类型比较时，结果均为 False。

2.3.2 变量

变量是程序中用于存储数据的命名内存空间，其存储的值可以在程序运行期间被修改。与常量不同的是，变量的值可以动态变化。Python 的变量不需要声明，可以直接使用赋值运算符对其进行赋值操作，根据所赋的值来决定其数据类型。

【例 2-24】 在下列代码中，定义了一个字符串变量 a、数值变量 b 和布尔类型变量 c。

```
a = "这是一个常量"
b = 2
c = True
```

在例 2-24 的代码中，都是将常量赋值到一个变量中。在编写程序时，也可以将变量赋给另外一个变量，示例如下。

```
a = "这是一个常量"
b = a
```

上述代码将变量 a 的值赋给变量 b，但以后对变量 a 的操作不会影响变量 b。每个变量都对应一块内存空间，因此，每个变量都有一个内存地址。变量赋值实际上就是将该变量的地址指向赋值给它的常量或变量的地址。也就是说，变量 a 只是将它的值传递给了变量 b。

【例 2-25】 变量值传递示例。

```
a = "这是一个变量"
b = a              #此时变量 b 的值应等于变量 a 的值
print(b)
a = "这是另一个变量"
print(b)           #对变量 a 的操作不会影响变量 b
```

运行结果如下。

```
这是一个变量
这是一个变量
```

可以看到，变量赋值后修改变量 a 的值并没有影响变量 b。图 2-6 所示为变量赋值过程的示意图。

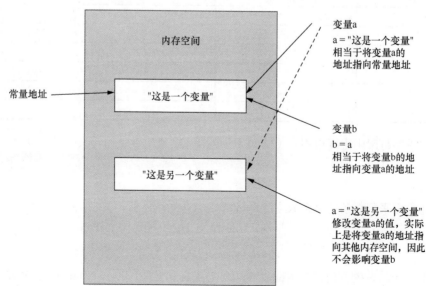

图 2-6 变量赋值过程的示意图

可以使用 id()函数输出变量的地址，语法格式如下。

```
id(变量名)
```

【例 2-26】　使用 id()函数输出变量的地址。

```
str1 = "这是一个变量"
print("变量 str1 的值是: "+str1)
print("变量 str1 的地址是: %d" %(id(str1)))
str2 = str1
print("变量 str2 的值是: "+str2)
print("变量 str2 的地址是: %d" %(id(str2)))
str1 = "这是另一个变量"
print("变量 str1 的值是: "+str1)
print("变量 str1 的地址是: %d" %(id(str1)))
print("变量 str2 的值是: "+str2)
print("变量 str2 的地址是: %d" %(id(str2)))
```

程序首先定义了一个变量 str1，为赋值"这是一个变量"，之后将变量 str1 的地址传递给变量 str2，再修改变量 str1 的值为"这是另一个变量"，在每次赋值后分别输出变量 str1 和变量 str2 的值。

运行结果如下。

```
变量 str1 的值是: 这是一个变量
变量 str1 的地址是: 58752208
变量 str2 的值是: 这是一个变量
变量 str2 的地址是: 58752208
变量 str1 的值是: 这是另一个变量
变量 str1 的地址是: 58752264
变量 str2 的值是: 这是一个变量
变量 str2 的地址是: 58752208
```

可以看到，执行"str2 = str1"语句后，变量 str2 的地址与变量 str1 的地址相同（58752208）。对变量 str1 赋值后，变量 str1 的地址变成 58752264，此时变量 str2 的地址依然是 58752208。

2.3.3　数据类型转换

Python 在定义变量时，不需要指定其数据类型，而是根据每次给变量所赋的值来决定其数据类型。在 Python 中，也可以使用函数对常量和变量进行类型转换，以便对它们进行相应的操作。

1. 转换为数字

可以将字符串常量或变量转换为数字，包括如下的情形。

（1）使用 int()函数将数字或字符串转换为整数（十进制表示），语法格式如下。

```
int(x [,base])
```

参数 x 是待转换的数字或字符串；参数 base 为可选参数，用于指定参数 x 的进制，默认为十进制。

① x 可以是数字或字符串，但是 base 被赋值后，x 只能是字符串。

② x 作为字符串时必须是 base 类型，也就是说，x 变成数字时必须能使用 base 指定的进制来表示。

【例 2-27】 转换数字示例。

```
int(3.14)          #输出结果：3
int(100,2)         #出错，base 被赋值后函数只接收字符串
int('23',16)       #输出结果：35
int('Pythontab',8) #出错，Pythontab 不是八进制数
```

（2）使用 float() 函数将字符串或数字转换为浮点数，语法格式如下。

```
float(x)
```

参数 x 是待转换的字符串或数字。

（3）使用 eval() 函数计算字符串中的有效 Python 表达式，并返回结果，语法格式如下。

```
eval(str)
```

参数 str 是待计算的 Python 表达式字符串。

【例 2-28】 使用 eval() 函数示例。

```
a = "1+2"
print(eval(a))
```

运行结果如下。

```
3
```

2. 转换为字符串

可以将数字常量或变量转换为字符串，包括如下的情形。

（1）使用 str() 函数将数值转换为字符串，语法格式如下。

```
str(x)
```

参数 x 是待转换的数值。

（2）使用 repr() 函数将对象转换为字符串显示，语法格式如下。

```
repr(obj)
```

参数 obj 是待转换的对象。

【例 2-29】 使用 repr() 函数示例。

```
print(repr('hello'))
```

运行结果如下。

```
'hello'
```

（3）使用 chr() 函数将一个整数转换为对应的 ASCII 值，语法格式如下。

```
chr(整数)
```

（4）使用 ord() 函数将一个字符转换为对应的 ASCII 值，语法格式如下。

```
ord(字符)
```

【例 2-30】 使用 chr() 函数和 ord() 函数示例。

```
print(chr(65))
print(ord('A'))
```

运行结果如下。

```
A
65
```

（5）使用 hex() 函数将一个整数转换为一个十六进制字符串，语法格式如下。

```
hex(整数)
```

（6）使用 oct() 函数将一个整数转换为一个八进制字符串，语法格式如下。

```
oct(整数)
```

【例 2-31】　使用 hex()函数和 oct()函数输出 8 的十六进制字符串和八进制字符串。

```
print(hex(8))
print(oct(8))
```

运行结果如下。

```
0x8
0o10
```

十六进制字符串以 0x 开头，八进制字符串以 0o 开头。

2.4　运算符与表达式

运算符是程序设计语言的最基本元素，它是构成表达式的基础。本节将介绍 Python 中的运算符和表达式。

2.4.1　运算符

Python 支持算术运算符、赋值运算符、位运算符、比较运算符、逻辑运算符、字符串运算符、成员运算符等基本运算符。本小节将分别对这些运算符的使用情况进行简单的介绍，并介绍运算符优先级。

1．算术运算符

算术运算符可以实现数学运算。Python 中的算术运算符如表 2-6 所示。

表 2-6　Python 中的算术运算符

算术运算符	具体描述	例子
+	加法运算	1+2 的结果是 3
-	减法运算	100-1 的结果是 99
*	乘法运算	2*2 的结果是 4
/	除法运算（结果是浮点数。如果不能整除，则 Python 3 默认提供 17 位数字的精度）	4/2 的结果是 2.0
%	求余运算	10%3 的结果是 1
**	幂运算，x**y 返回 x 的 y 次幂	2**3 的结果是 8
//	整除运算，即返回商的整数部分	9//2 的结果是 4

2．赋值运算符

赋值运算符的作用是将运算符右侧的常量或变量的值赋给运算符左侧的变量。Python 中的赋值运算符如表 2-7 所示。

表 2-7　Python 中的赋值运算符

赋值运算符	具体描述	例子
=	直接赋值	x=3;表示将 3 赋给变量 x
+=	加法赋值	x+=3;等同于 x = x+3;
-=	减法赋值	x-=3;等同于 x = x-3;
*=	乘法赋值	x*=3;等同于 x = x*3;
/=	除法赋值	x/=3;等同于 x = x/3;
%=	取余数赋值	x%=3;等同于 x = x%3;
**=	幂赋值	x**=3;等同于 x = x**3;
//=	整除赋值	x//=3;等同于 x = x//3;

【例 2-32】 赋值运算符使用示例。

```
x = 3
x += 3
print(x)
x -= 3
print(x)
x *= 3
print(x)
x /= 3
print(x)
```

运行结果如下。

```
6
3
9
3.0
```

3. 位运算符

位运算符允许对整型数中指定的位进行置位。Python 中的位运算符如表 2-8 所示。

表 2–8　Python 中的位运算符

位运算符	具体描述
&	按位与运算，运算符查看两个表达式的二进制表示法的值，并执行按位与操作。只要两个表达式的某位都为 1，则该位的结果为 1；否则，该位的结果为 0（同 1 为 1）
|	按位或运算，运算符查看两个表达式的二进制表示法的值，并执行按位或操作。只要两个表达式的某位有一个为 1，则该位的结果为 1；否则，该位的结果为 0（同 0 为 0）
^	按位异或运算。异或的运算法则为：0^0=0，1^0=1，0^1=1，1^1=0
~	按位非运算。0 取非运算的结果为 1；1 取非运算的结果为 0
<<	位左移运算，即所有位向左移（移出位被丢弃，右侧的空位一律补 0）
>>	位右移运算，即所有位向右移（移出位被丢弃，左侧的空位或者一律补 0，或者补符号位）

【例 2-33】 位运算符使用示例。

```
x = 8
a = x >> 3
print(a)
b = x << 3
print(b)
c = x >> 5
print(c)
```

运行结果如下。

```
1
64
0
```

4. 比较运算符

比较运算符用于对两个数值进行比较，并返回一个布尔值。Python 中的比较运算符如表 2-9 所示。

表 2–9　Python 中的比较运算符

比较运算符	具体描述
==	等于运算符（两个=）。例如，a==b，如果 a 等于 b，则返回 True；否则返回 False
!=	不等运算符。例如，a!=b，如果 a 不等于 b，则返回 True；否则返回 False

续表

比较运算符	具体描述
<>	不等运算符，与!=相同
<	小于运算符
>	大于运算符
<=	小于或等于运算符
>=	大于或等于运算符

5. 逻辑运算符

Python 中的逻辑运算符如表 2-10 所示。

表 2–10　Python 中的逻辑运算符

逻辑运算符	具体描述
and	逻辑与运算符。例如，a and b，当 a 和 b 都为 True 时，表达式等于 True；否则等于 False（同真为真）
or	逻辑或运算符。例如，a or b，当 a 和 b 至少有一个为 True 时，表达式等于 True；否则等于 False（同假为假）
not	逻辑非运算符。例如，not a，当 a 为 True 时，表达式等于 False；否则等于 True

【例 2-34 】　逻辑运算符使用示例。

```
x = True
y = False
print("x and y = ", x and y)
print("x or y = ", x or y)
print("not x = ", not x)
print("not y = ", not y)
```

运行结果如下。

```
x and y =  False
x or y =  True
not x =  False
not y =  True
```

6. 字符串运算符和成员运算符

Python 中的字符串运算符和成员运算符如表 2-11 所示。

表 2–11　Python 中的字符串运算符和成员运算符

字符串运算符或成员运算符	具体描述
+	字符串连接
*	重复输出字符串（*后为重复输出的次数）
[]	获取字符串中指定索引位置的字符，索引从 0 开始
[start:end]	截取字符串中的一部分，从索引位置 start 开始到 end 结束（不包含 end）
in	成员运算符，如果字符串中包含给定的字符，则返回 True
not in	成员运算符，如果字符串中未包含给定的字符，则返回 True
r 或 R	指定原始字符串。原始字符串是指字符串中所有的字符都直接按照字面意思来使用，没有转义字符、特殊字符或不能输出的字符。原始字符串的第 1 个引号前加上字母"r"或"R"

Python 中有两种序号体系，如图 2-7 所示。

图 2-7　Python 中的两种序号体系

【例 2-35 】　字符串运算符使用示例。

```
b = "hello "
a = b + "world!"
print(a)
print(a*2)
print(r"hello\nworld!")
```

运行结果如下。

```
hello world!
hello world!hello world!
hello\nworld!
```

【例 2-36 】　字符串运算符和成员运算符使用示例。

```
b = "python"
print(b[2])
print(b[-2])
print(b[0:2])
print("py" in b)
print("pt" in b)
```

运行结果如下。

```
t
o
py
True
False
```

7. 运算符优先级

运算符优先级是指在一个表达式中，不同运算符的执行顺序。优先级高的运算符先执行，优先级低的运算符后执行。运算符的优先级如表 2-12 所示，表中的运算符的优先级依次降低。

表 2-12　运算符的优先级

运算符	具体描述
**	幂运算符的优先级最高
~、+、-	按位非运算符和正数/负数运算符。注意，这里的+和-不是加、减运算符
*、/、%、//	乘、除、求余、整除运算符
+、-	加、减运算符
>>、<<	位右移运算符和位左移运算符
&	按位与运算符
^、|	按位异或运算符和按位或运算符
>、==、!=	大于运算符、等于运算符和不等于运算符
%=、/=、//=、-=、+=、*=、**=	赋值运算符

运算符	具体描述
is is not	身份运算符，用于判断某个标识符是不是引用自一个对象
in not in	成员运算符，用于判断序列中是否包含指定成员
not or and	逻辑运算符

2.4.2　表达式

表达式由常量、变量和运算符等组成。在 2.4.1 小节中介绍运算符的时候，已经涉及一些表达式，示例如下。

```
x = x + 3
x = x - 3
x = x * 3
x = x / 3
x = x % 3
x += 3
x = x**3
```

本书后续介绍的序列、函数、对象等都可以作为表达式的一部分。

习题

一、选择题

1. 当需要在字符串中使用特殊字符时，Python 使用（　　）作为转义字符。

　A. \　　　　　　　B. /　　　　　　　C. #　　　　　　　D. %

2. 下列（　　）不是有效的变量名。

　A. _score　　　　　　　　　　B. banana

　C. Number　　　　　　　　　　D. my-score

3. 幂运算的运算符为（　　）。

　A. *　　　　　　　B. ++　　　　　　　C. %　　　　　　　D. **

4. 按位与运算符为（　　）。

　A. &　　　　　　　B. |　　　　　　　C. ^　　　　　　　D. ~

5. 下列关于 a or b 的描述中，错误的是（　　）。

　A. 如果 a=True，b=True，则 a or b 等于 True

　B. 如果 a=True，b=False，则 a or b 等于 True

　C. 如果 a=True，b=False，则 a or b 等于 False

　D. 如果 a=False，b=False，则 a or b 等于 False

6. 优先级最高的运算符为（　　）。

　A. &　　　　　　　B. **　　　　　　　C. /　　　　　　　D. ~

二、编程题

1. 编程实现通过键盘输入一个数字，将该数字以 30 字符宽度、十六进制、居中输出，多余字符使用双引号（"）填充。

2. 编程实现圆面积的计算，圆周率取 3.1415，结果保留 2 位小数。

3. 编程实现以下要求：提示用户从键盘输入一个 9 位数的整数，再将用户输入的整数分解为 3 个 3 位数的整数并输出，其中个、十、百位为一个数，千、万、十万位为一个数，百万、千万、亿位为一个数。

4. 编程实现以下要求：提示用户从键盘输入一个 4 位数的正整数（个位不为 0），再在屏幕上输出该正整数的反序数。正整数的反序数即原数各位上的数字颠倒次序所形成的另一个正整数。

第 3 章　程序的控制结构

　　本章将首先对程序的基本控制结构进行介绍，然后重点讲解 Python 的常用语句，包括赋值语句、选择语句、循环语句和跳转语句，最后介绍异常处理。读者掌握这些基本控制结构并学会灵活运用，对于编写高效、可维护的程序至关重要。

3.1　控制结构

　　计算机在解决某个具体问题时，主要有 3 种情形，分别是顺序执行所有的语句、选择执行部分语句和循环执行部分语句。

　　程序设计中对应的 3 种基本控制结构分别是顺序结构、选择结构和循环结构。

1. 顺序结构

　　顺序结构是程序中最基本、最简单的结构。它按照程序代码的书写顺序，从上到下、从左到右逐行执行。在顺序结构中，每个语句或命令都是顺序执行的，没有分支或跳转。

　　顺序结构适用于那些需要按照固定顺序执行的任务，如数据的输入、处理、输出等。它是任何程序的基础，因为即使是最复杂的程序，也是由一系列顺序执行的语句构成的。

2. 选择结构

　　选择结构允许程序根据条件判断来选择执行不同的语句块，通常通过条件语句来实现。选择结构增加了程序的灵活性和决策能力，使程序能够根据不同的条件执行不同的操作。

　　选择结构适用于那些需要根据条件进行分支执行的任务，如用户输入的判断、数据的分类处理、错误处理等。它是实现程序逻辑判断和决策的基础。

3. 循环结构

　　循环结构允许程序重复执行某段语句，直到满足某个条件为止，通常通过循环语句来实现。循环结构适用于那些需要多次执行相同或相似操作的任务，如数据的遍历、累加、求平均值等。它是实现程序自动化和批量处理的基础。

4. 3 种基本控制结构的相互关系

这 3 种基本控制结构并不是孤立的，而是可以相互嵌套和组合。一个程序中可以包含多个顺序结构、选择结构和循环结构，它们共同构成了程序的逻辑框架。

顺序结构是程序的基础，它确保了代码按照预定的顺序执行。

选择结构在顺序结构的基础上增加了决策能力，使程序能够根据条件执行不同的语句块。

循环结构则进一步增强了程序的复用性和效率，使程序能够处理重复性的任务。

在实际编程中，通常要根据问题的需求，合理地选择和使用这 3 种基本控制结构，以及它们的组合形式，从而构建出满足要求的程序。

3.2 常用语句

本节将介绍 Python 程序中的常用语句，包括赋值语句、选择语句、循环语句和跳转语句。使用这些语句就可以实现 Python 程序的编写。

3.2.1 赋值语句

赋值语句是 Python 程序中最简单、最常用的语句。通过赋值语句可以定义变量，并为其赋初值。在 2.4.1 小节介绍赋值运算符时，已经涉及赋值语句，举例如下。

```
x = 3
x = x + 3
```

除了使用=进行赋值，还可以使用 2.4.1 小节介绍的其他赋值运算符进行赋值。

【例 3-1】 赋值语句示例。

```
a = 10
a += 1
print(a)
a *= 10
print(a)
a **= 2
print(a)
```

运行结果如下。

```
11
110
12100
```

【例 3-2】 编写程序，实现以下功能：交换两个变量的值。

"交换两个变量的值"是编程中的一个基本操作。这个操作通常涉及两个变量，如 a 和 b，目标是将 a 的值赋给 b，同时将 b 的值赋给 a。直接赋值会覆盖原有的值，因此，需要使用一个临时变量来帮助完成交换。交换两个变量值的算法步骤如下。

① 引入临时变量：引入一个新的变量，命名为 temp（临时变量），用于暂存其中一个变量的值。

② 将第 1 个变量的值赋给临时变量：将变量 a 的值赋给变量 temp，以便稍后恢复。

③ 将第 2 个变量的值赋给第 1 个变量：此时，变量 a 的值已经赋给了变量 temp，因此，可以将变量 b 的值赋给变量 a。

④ 将临时变量的值赋给第 2 个变量：最后，将变量 temp 的值赋给变量 b。

程序代码如下。

```
a,b = eval(input("请分别输入 a 和 b 的值: "))
temp = a
a = b
b = temp
print(a,b)
```

在本书第 1 章中提到，Python 相较于其他编程语言，具有语法灵活且简单的特点。在 Python 中，可以直接实现两个变量值的交换。程序代码如下。

```
a,b = eval(input("请分别输入 a 和 b 的值: "))
a,b = b,a
print(a,b)
```

3.2.2 选择语句

选择语句的功能：在指定的条件表达式成立（即值为 True）时，程序执行相应的语句块。Python 提供的条件分支语句包括 if 语句、else 语句和 elif 语句。

选择语句是用来实现选择结构的语句，主要有单分支结构、二分支结构和多分支结构。

1. 单分支结构：if 语句

if 语句是常用的一种条件分支语句，其基本语法格式如下。

```
if 条件表达式:
    语句块
```

当条件表达式等于 True 时，执行其下方的语句块。if 语句的流程图如图 3-1 所示。

【例 3-3】 if 语句示例。

```
if a > 10:
    print("变量 a 大于 10")
```

如果语句块中包含多条语句，则这些语句必须拥有相同的缩进。示例如下。

```
if a > 10:
    print("变量 a 大于 10")
    a = 10
```

if 语句可以嵌套使用。也就是说，在语句块中还可以使用 if 语句。

【例 3-4】 嵌套 if 语句示例。

```
if a > 10:
    print("变量 a 大于 10")
    if a > 100:
        print("变量 a 大于 100")
```

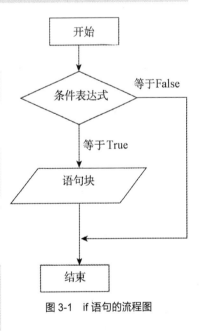

图 3-1 if 语句的流程图

2. 二分支结构：if…else 语句

可以将 else 语句与 if 语句结合使用，用于指定不满足条件时所执行的语句块。基本语法格式如下。

```
if 条件表达式:
    语句块 1
else:
    语句块 2
```

当条件表达式等于 True 时，执行语句块 1；否则，执行语句块 2。if…else 语句的流程图如图 3-2 所示。

【例 3-5】 if…else 语句示例。

```
if a > 10:
    print("变量 a 大于 10")
else:
    print("变量 a 小于或等于 10");
```

3. 多分支结构：if…elif…else 语句

if…elif…else 语句是 if 语句、elif 语句和 else 语句的组合，可用于在多个条件中进行选择。其基本语法格式如下。

```
if 条件表达式 1：
    语句块 1
elif 条件表达式 2：
    语句块 2
elif 条件表达式 3：
    语句块 3
…
else：
    语句块 n
```

执行时，当条件表达式 1 等于 True 时，执行语句块 1；否则判断 if 语句下面一个 elif 语句的条件表达式，如果此条件表达式等于 True，就执行该 elif 语句对应的语句块；否则继续往下判断 elif 语句的条件表达式；当所有 elif 语句的条件表达式都不成立时，执行 else 语句中的语句块 n。

if…elif…else 语句的流程图如图 3-3 所示。

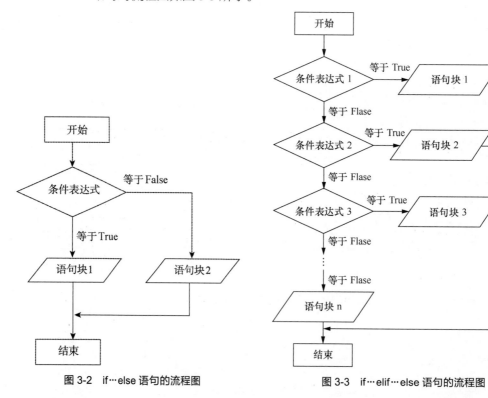

图 3-2 if…else 语句的流程图　　　　图 3-3 if…elif…else 语句的流程图

【例 3-6】 成绩统计规律如下：按照 100 分制，90 分及以上为 A，80～90 分（不包括 90 分）为 B，60～80 分（不包括 80 分）为 C，60 分以下为 D。编写一个程序，当用户输入分数时，程序自动将其转换为 A、B、C、D 的形式输出。

```python
score = int(input('请输入一个分数: '))
if score >= 90 and score <= 100:
    print('A')
elif (score >= 80) and (score < 90):
    print('B')
elif 60 <= score < 80:
    print('C')
elif 60 > score >= 0:
    print('D')
else:
    print('输入错误! ')
```

【例 3-7】 从键盘输入 3 个数 x、y、z，将这 3 个数按照由小到大的顺序输出。

```python
x,y,z = eval(input("请输入 3 个数: "))
Max = max(x,y)
Min = min(x,y)
if z > Max:
    print(Min,Max,z)
elif z < Min:
    print(z,Min,Max)
else:
    print(Min,z,Max)
```

3.2.3　循环语句

循环语句可以在满足指定条件的情况下循环执行一段代码。

Python 中的循环语句包括 while 语句和 for 语句。

1. while 语句

while 语句的基本语法格式如下。

```
while 条件表达式:
    循环语句体
```

当条件表达式等于 True 时，程序循环执行循环语句体中的代码；当条件表达式等于 False 时，程序结束执行循环语句体中的代码。while 语句的流程图如图 3-4 所示。

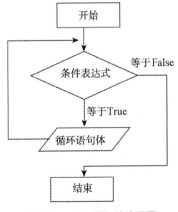

图 3-4　while 语句的流程图

提示

在通常情况下，循环语句体中会有代码来改变条件表达式的值，使其等于 False，从而结束循环语句。如果退出循环的条件一直无法满足，则会产生死循环。这是程序员不希望看到的。

【例 3-8】 使用 while 语句求 1+2+…+9+10 的结果。

```
i = 1
sum = 0
while i < 11:
    sum += i
    i += 1
print(sum)
```

程序使用 while 语句计算从 1 累加到 10 的结果。每次执行循环语句体时，变量 i 会增加 1，当变量 i 等于 11 时，退出循环。运行结果为 55。

while 语句的扩展模式，基本语法格式如下。

```
while <条件>:
    <语句块 1>
else:
    <语句块 2>
```

当 while 循环正常执行后，程序会继续执行 else 语句中的内容。else 语句只在 while 循环正常执行之后才执行。因此，在语句块 2 中可以放置判断 while 循环执行情况的语句。

【例 3-9】 while 语句的扩展模式示例。

```
s,idx = "BIT",0
while idx < len(s):
    print("循环进行中: " + s[idx])
    idx += 1
else:
    s = "循环正常结束"
print(s)
```

运行结果如下。

```
循环进行中: B
循环进行中: I
循环进行中: T
循环正常结束
```

2. for 语句

for 语句的基本语法格式如下。

```
for 循环变量 in 遍历结构:
    循环语句体
```

遍历结构可以是字符串、文件、组合数据类型或 range() 函数等。其中，range() 函数是最常见的一种遍历结构的形式，其基本语法格式如下。

```
for i in range(N):
    循环语句体
```

程序在执行 for 语句时，循环计数器变量 i 的取值是由 range() 函数生成的要遍历的数字序列。range() 函数的语法格式如下。

```
range(start, stop[, step])
```

上述语句用于生成一个从 start 开始到 stop（不包括该值）结束、步长为 step 的整数序列。其中，start 是可选的，默认为 0；step 也是可选的，默认为 1。

【例 3-10】 range()函数应用示例。

```
range(1,5)        #代表从 1 到 5(不包含 5)
生成结果：[1, 2, 3, 4]
range(1,5,2)      #代表从 1 到 5(不包含 5)，间隔为 2
生成结果：[1, 3]
range(5)          #代表从 0 到 5(不包含 5)
生成结果：[0, 1, 2, 3, 4]
```

程序在执行 for 语句时，将循环计数器变量 i 设置为 start，之后执行循环体语句。i 依次被设置为从 start 开始至 stop 结束的所有值，每设置一个新值都执行一次循环体语句。当 i 等于 stop 时，退出循环。

【例 3-11】 使用 for 语句求 1+2+⋯+9+10 的结果。

```
sum = 0
for i in range(1,11):
    sum += i
print(sum)
```

程序使用 for 语句循环计算从 1 累加到 10 的结果。循环计数器 i 的初值被设置为 1，每次执行循环体语句后 i 的值增加 1；当 i 等于 11 时，退出循环。运行结果为 55。

for 语句还可以用于遍历元组、列表、字典和集合等序列对象，具体方法将在后面的对应章节中进行介绍。

for 语句的扩展模式，基本语法格式如下。

```
for  <循环变量>  in  <遍历结构>：
        <语句块 1>
else：
        <语句块 2>
```

在 for 循环正常执行后，程序会继续执行 else 语句块。else 语句块只在 for 循环正常执行后才执行。因此，在语句块 2 中可以放置判断 for 循环执行情况的语句。

【例 3-12】 for 语句的扩展模式示例。

```
for s in "BIT":
    print("循环进行中： " + s)
else:
    s = "循环正常结束"
print(s)
```

运行结果如下：

```
循环进行中： B
循环进行中： I
循环进行中： T
循环正常结束
```

else 中语句的执行条件：for 循环正常遍历了所有内容或由于条件不成立而结束循环。

3. 循环嵌套

在 Python 中，允许在一个循环体中嵌入另一个循环体，这被称为循环嵌套。

【例 3-13】　循环嵌套示例。

```
for i in range(4):
    print("外循环遍历出来的值：",i)
    for n in range(i):
        print("内循环遍历出来的值：",n)
```

运行结果如下：

```
外循环遍历出来的值：  0
外循环遍历出来的值：  1
内循环遍历出来的值：  0
外循环遍历出来的值：  2
内循环遍历出来的值：  0
内循环遍历出来的值：  1
外循环遍历出来的值：  3
内循环遍历出来的值：  0
内循环遍历出来的值：  1
内循环遍历出来的值：  2
```

3.2.4　跳转语句

在 Python 中，跳转语句是能够改变程序正常执行顺序的语句。它们允许程序在某些条件下跳过某些语句块，或者重复执行某些语句块，从而实现更复杂的逻辑控制。

1. continue 语句

在循环体中，使用 continue 语句可以跳过本次循环后面的代码，重新开始下一次循环。

【例 3-14】　计算 1～100 之间的偶数之和。

```
sum = 0
for i in range(1,101):
    if i % 2 == 1:
        continue
    sum += i
print(sum)
```

如果"i % 2"等于 1，则表示变量 i 是奇数，此时执行 continue 语句开始下一次循环，并不将其累加到变量 sum 中。

2. break 语句

在循环体中使用 break 语句可以跳出循环体。

【例 3-15】　将例 3-8 修改为使用 break 语句跳出循环体。

```
i = 1
sum = 0
while True:
    if i == 11:
        break
    sum += i
    i += 1
print(sum)
```

若 while 语句中的条件表达式为 True，则正常情况下程序会一直循环下去。在循环体内，如果变量 i 的值等于 11，则执行 break 语句退出循环。

3.3　异常处理

在程序运行过程中，经常会出现各种各样的异常问题，从而导致程序不能正常运行。本节将介绍 Python 中的异常处理。

3.3.1　异常处理语句

程序在运行过程中可能会出现异常情况，此时使用异常处理语句可以捕获到异常情况，并进行处理，从而避免程序异常退出。

【例 3-16】　程序中出现异常示例。

```
num = eval(input("请输入一个整数: "))
print(num ** 2)
```

程序在运行时，如果输入"100"，则程序正常运行，并输出运行结果"10000"。但是，如果输入"NO"，则 Python 解释器会返回异常信息，同时程序退出，如图 3-5 所示。

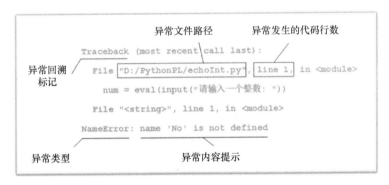

图 3-5　异常信息

在 Python 程序中，可以使用 try…except 语句来实现异常处理，其语法格式如下。

```
try:
    <语句块 1>
except <异常类型 1>:
    <语句块 2>
...
except <异常类型 N>:
    <语句块 N+1>
except:
    <语句块 N+2>
```

在程序运行的过程中，如果语句块 1 中的某条语句出现异常，则程序将找到与异常类型相匹配的异常处理类，并执行 except 语句中的异常处理代码。最后一个 except 语句没有指定任何类型，表示它对应的语句块可以处理所有其他异常。这个过程与 if…elif…else 语句类似，是分支结构的一种表达方式。

Python 异常信息中最重要的部分是异常类型，它表明了发生异常的原因，也是程序处理异常的依据。表 3-1 列出了 Python 中常见的异常类型及产生异常的原因。

表 3-1   Python 中常见的异常类型及产生异常的原因

异常类型名称	产生异常的原因
AttributeError	属性错误，对象引用和赋值失败时会引发属性错误
NameError	试图访问的变量名不存在
SyntaxError	语法错误，代码形式错误
Exception	其他所有异常类的基类。Python 中其他的异常类都是从基类 Exception 继承的，并且都在 exceptions 模块中定义
IOError	输出输入错误，常见于打开不存在的文件时
KeyError	使用了映射中不存在的关键字（键）时引发的关键字错误
IndexError	索引错误，使用的索引不存在，常见于索引超出序列范围
Type Error	类型错误，内建操作或是函数应用了错误类型的对象时，会引发类型错误
ZeroDivisonError	除数为 0，在进行除法操作时，第 2 个参数为 0 时引发了该错误
ValueError	值错误，传给对象的参数类型不正确，如给 int()函数传入了字符串类型的参数

【例 3-17】   异常处理语句示例。

```
try:
    alp = "ABCDEFGHIJKLMNOPQRSTUVWXYZ"
    idx = eval(input("请输入一个整数: "))
    print(alp[idx])
except NameError:
    print("输入错误，请输入一个整数!")
except:
    print("其他错误")
```

该程序将用户输入的数字作为索引从字符串 alp 中返回一个字符，当用户输入非整数字符时，异常被 except NameError 捕获，程序提示用户输入错误。当用户输入的数字不在 0~25 之间时，异常被 except 捕获，程序输出其他错误信息。程序示例输入及运行结果如图 3-6 所示。

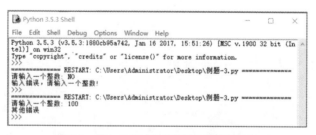

图 3-6   例 3-17 程序的示例输入及运行结果

除 try 和 except 保留字外，异常语句还可以与 else 和 finally 保留字配合使用，语法格式如下。

```
try:
    <语句块 1>
except <异常类型 1>:
    <语句块 2>
else:
    <语句块 3>
finally:
    <语句块 4>
```

此处的 else 与 for 循环和 while 循环中的 else 一样，当 try 中的语句块 1 正常执行结束且没有发生异常时，else 中的语句块 3 执行，这可以看作对 try 语句块正常执行后的一种追加处理。

finally 语句块则不同，无论 try 中的语句块 1 是否发生异常，语句块 4 都会被执行，因此，程序执行语句块 1 的一些收尾工作可以放在这里。try…except…else…finally 语句的处理流程如图 3-7 所示。

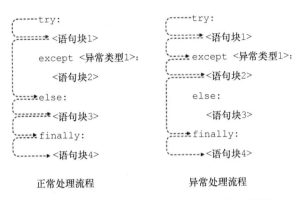

正常处理流程   异常处理流程

图 3-7 try…except…else…finally 语句的处理流程

【例 3-18】 try…except…else…finally 异常处理语句示例。

```
try:
    alp = "ABCDEFGHIJKLMNOPQRSTUVWXYZ"
    idx = eval(input("请输入一个整数: "))
    print(alp[idx])
except NameError:
    print("输入错误，请输入一个整数!")
else:
    print("没有发生异常")
finally:
    print("程序执行完毕, 不知道是否发生了异常")
```

程序示例输入及运行结果如图 3-8 所示。

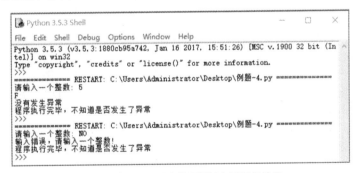

图 3-8 例 3-18 程序的示例输入及运行结果

3.3.2 异常处理总结

1. 异常和错误辨析

编程语言的异常和错误是两个相似但不同的概念。

异常和错误都可能引起程序执行错误而退出，它们属于程序没有考虑到的例外情况。然而，绝大多数不可控因素是可以预见的。例如，程序期望获得数字输入却得到了其他字符输入。这种可以预见的例外情况被称为异常。异常发生后经过妥善处理，程序即可继续执行。

另外一些因为程序编码逻辑产生的不可预见的例外情况被称为错误。错误发生后程序无法恢复执行，而且程序本不该处理这类可能的例外。

2. 异常用法总结

Python 能识别多种异常类型，但不建议编写程序时过度依赖 try…except 这种异常处理机制。try…except 异常处理机制一般只用来检测极少发生的情况。

对于面向商业应用的软件产品，稳定性和可靠性是重要的评价指标。即使是这类软件产品，也不会滥用 try…except 语句。因为使用 try…except 语句会影响代码的可读性，并增加代码的维护难度，所以，一般只在关键位置使用 try…except 语句来处理可能发生的异常。

习题

一、选择题

1. 在 Python 中，程序的 3 种基本控制结构不包括（　　）。

    A．跳转结构　　　　　　B．顺序结构　　　　　　C．选择结构　　　　　　D．循环结构

2. 下列选项中的关键字，（　　）用于终止循环结构程序的运行。

    A．exit　　　　　　　　B．else　　　　　　　　C．break　　　　　　　　D．continue

3. 下列选项中的关键字，（　　）用于终止本轮循环的运行，继续运行当前循环结构的下一个轮次，直到循环结束。

    A．exit　　　　　　　　B．else　　　　　　　　C．break　　　　　　　　D．continue

4. 下列程序的运行结果是（　　）。

```python
x = 10
y = 20
if x > 10:
    if y > 20:
        z = x + y
        print('z is', z)
else:
    print('x is', x)
```

    A．没有输出　　　　　　B．x is 10　　　　　　C．z is 20　　　　　　D．z is 30

5. 下列程序的运行结果是（　　）。

```python
grade = 90
if grade >= 60:
    print('Grade D')
elif grade >= 70:
    print('Grade C')
elif grade >= 80:
    print('Grade B')
elif grade >= 90:
    print('Grade A')
```

    A．Grade A　　　　　　B．Grade B　　　　　　C．Grade C　　　　　　D．Grade D

6. 下列程序的运行结果是（　　）。

```python
number = 10
if number % 2 == 0:
    print(number, 'is even')
```

```
elif number % 5 == 0:
    print(number, 'is multiple of 5')
```

  A．10 is even   B．10 is multiple of 5

  C．10 is even   D．程序出错

  10 is multiple of 5

7．下列程序的运行结果是（   ）。

```
x,y,z = 1,-1,1
if x > 0:
    if y > 0: print('AAA')
elif z > 0: print('BBB')
```

  A．AAA   B．BBB   C．无输出   D．程序出错

8．下列程序的运行结果是（   ）。

```
y = 0
for i in range(0, 10, 2):
    y += i
print(f"{y=}")
```

  A．y=0   B．y=10   C．y=20   D．y=30

9．下列程序的运行结果是（   ）。

```
x= 0
while x<6:
    if x%2==0:
        continue
    if x==4:
        break
    x+=1
print(f"{x=}")
```

  A．x=1   B．x=4   C．x=6   D．死循环

10．下列程序运行后，while 引导的循环体的运行次数为（   ）。

```
k=10
while k>1:
    print(k)
    k = k/2
```

  A．4   B．10   C．5   D．死循环

11．在包含异常处理的程序中，如果没有发生异常，则会执行关键字（   ）引导的语句块。

  A．try   B．except   C．finally   D．else

12．下列程序，在运行时输入"yes"后，运行结果是（   ）。

```
try:
    x=eval(input())
    print(x**2)
except NameError:
    print("ok")
```

  A．yes   B．ok   C．程序出错   D．没有输出

13．在下列异常类型中，（   ）用于处理表达式中有除数为 0 的情形。

  A．SyntaxError   B．NameError

  C．ZeroDivisionError   D．IndexError

14．若运行下列语句，则 Python 解释器会提示产生了类型为（   ）的异常。

```
>>> 10000 + 'Hello'
```

  A．SyntaxError   B．NameError   C．IndexError   D．TypeError

二、编程题

1. 从键盘输入一段文字，如果其中包含"王"字（可能出现 0 次、1 次或多次），则输出时过滤掉该字，其他内容原样输出。

2. 利用循环结构计算并输出满足条件的正方体的体积：正方体棱长从 1m 开始到 10m 依次计算，当体积大于 100m^3 时停止输出。

3. 利用循环结构输出全部水仙花数，并统计水仙花数的个数。提示：水仙花数是一个 3 位数，该数正好等于组成该 3 位数的各位数字的立方和。

4. 设计一个验证用户密码的程序，用户只有 3 次机会输入错误。如果用户输入的密码中包含"*"，则程序会提示"密码中不能含有'*'！"。要求：请在程序中预先设置正确的密码为"123"。

5. 猴子吃桃：猴子第 1 天摘下若干个桃子，当即吃了一半，还不过瘾，又多吃了一个；第 2 天早上又将剩下的桃子吃掉一半，又多吃了一个；以后每天早上都吃掉前一天剩下的一半零一个；到第 10 天早上再想吃时，就只剩一个桃子了。求：猴子第 1 天共摘了多少个桃子？编写程序，求解此题。

6. 求 200 以内能被 17 整除的最大正整数。

7. 用户输入一个 3 位以上的整数，程序输出其百位及以上的数字。例如，用户输入 1234，则程序输出 12。提示：使用整除运算。

8. 从键盘输入若干个数后，求所输入的数的平均值。要求：输入的数的个数是随机的。

第4章　序列数据结构

本章将首先介绍序列的概念，然后介绍列表和元组的相关操作，最后介绍字典和集合。

4.1　序列

序列是 Python 中一块用来存放多个值的内存空间。Python 中常用的序列类型有列表、元组、字典、字符串、集合等。除字典和集合属于无序序列外，列表、元组、字符串等序列类型均支持双向索引，第 1 个元素的下标为 0，第 2 个元素的下标为 1，以此类推；如果使用负数作为索引，则最后一个元素的下标为-1，倒数第 2 个元素的下标为-2，以此类推。Python 的两种序号体系如图 4-1 所示。

图 4-1　Python 的两种序号体系

4.2　列表和元组

4.2.1　列表

列表（List）是一组有序存储的数据。例如，饭店点餐的菜单就是一种列表。列表具有以下特性。

- 和变量一样，每个列表都有一个唯一标识它的名称。
- 列表中不同元素的类型可以相同，也可以不同。列表中的元素可以是数字、字符串，甚至可以包含列表（所谓嵌套）。
- 每个列表元素都有索引和值两个属性，索引用于标识元素在列表中的位置；值就是元素对应的值。

1. 定义列表

下面是一个列表的定义，列表元素用[]括起来。

```
menulist = ['红烧肉', '熘肝尖', '西红柿炒鸡蛋', '油焖大虾']
```

2. 输出列表中的元素

可以直接使用 print()函数输出列表中的元素，语法格式如下。

```
print(列表名)
```

【例 4-1】 输出列表的内容。

```
menulist = ['红烧肉', '熘肝尖', '西红柿炒鸡蛋', '油焖大虾']
print(menulist)
```

运行结果如下。

```
['红烧肉', '熘肝尖', '西红柿炒鸡蛋', '油焖大虾']
```

3. 获取列表的长度

列表长度指列表中元素的数量。可以使用 len()函数获取列表的长度，语法格式如下。

```
len(列表名)
```

【例 4-2】 获取列表的长度。

```
menulist = ['红烧肉', '熘肝尖', '西红柿炒鸡蛋', '油焖大虾']
print(len(menulist))
```

运行结果如下。

```
4
```

4. 访问列表中的元素

列表由列表元素组成。对列表的管理就是对列表元素的访问和操作。可以使用下列方法来获取列表元素的值。

```
列表名[index]
```

index 是元素索引，在正向序号体系中，第 1 个元素的索引是 0，最后一个元素的索引是 n-1（n 为列表的长度）；在反向序号体系中，最后一个元素的索引是-1，第 1 个元素的索引是-n（n 为列表的长度）。

【例 4-3】 通过正向序号访问列表元素。

```
menulist = ['红烧肉', '熘肝尖', '西红柿炒鸡蛋', '油焖大虾']
print(menulist[0])
print(menulist[3])
```

程序输出列表中索引为 0 和 3 的元素，运行结果如下。

```
红烧肉
油焖大虾
```

【例 4-4】 通过反向序号访问列表元素。

```
menulist = ['红烧肉', '熘肝尖', '西红柿炒鸡蛋', '油焖大虾']
print(menulist[-1])
print(menulist[-3])
```

程序输出列表中索引为-1 和-3 的元素，运行结果如下。

```
油焖大虾
熘肝尖
```

5. 添加列表元素

可以使用 append()函数在列表尾部添加元素，语法格式如下。

```
列表名.append(新值)
```

【例 4-5】　使用 append()函数添加列表元素。

```
menulist = ['红烧肉', '熘肝尖', '西红柿炒鸡蛋', '油焖大虾']
menulist.append('北京烤鸭')
print(menulist)
```

程序调用 append()函数在列表 menulist 的尾部添加元素"北京烤鸭"，运行结果如下。

```
['红烧肉', '熘肝尖', '西红柿炒鸡蛋', '油焖大虾', '北京烤鸭']
```

还可以使用 insert()函数在列表的指定位置（索引位置）插入一个元素，语法格式如下。

```
列表名.insert(插入位置, 新值)
```

【例 4-6】　使用 insert()函数添加列表元素。

```
menulist = ['红烧肉', '熘肝尖', '西红柿炒鸡蛋', '油焖大虾']
menulist.insert(1, '北京烤鸭')
print(menulist)
```

程序调用 insert()函数在列表 menulist 索引为 1 的位置插入元素"北京烤鸭"，运行结果如下。

```
['红烧肉', '北京烤鸭', '熘肝尖', '西红柿炒鸡蛋', '油焖大虾']
```

还可以使用 extend()函数将一个列表中的每个元素添加到另一个列表中，语法格式如下。

```
列表名 1.extend(列表名 2)
```

【例 4-7】　使用 extend()函数添加列表元素。

```
menulist1 = ['红烧肉', '熘肝尖']
menulist2 = ['西红柿炒鸡蛋', '油焖大虾']
menulist1.extend(menulist2)
print(menulist1)
```

程序调用 extend()函数将列表 menulist2 中的每个元素添加到列表 menulist1 中，运行结果如下。

```
['红烧肉', '熘肝尖', '西红柿炒鸡蛋', '油焖大虾']
```

6. 合并两个列表

可以使用 "+" 运算符将两个列表合并，得到一个新的列表，语法格式如下。

```
列表 3 = 列表 1 + 列表 2
```

【例 4-8】　合并两个列表。

```
menulist1 = ['红烧肉', '熘肝尖', '西红柿炒鸡蛋']
menulist2 = ['北京烤鸭', '西红柿炒鸡蛋', '油焖大虾']
menulist3 = menulist1 + menulist2
print(menulist3)
```

运行结果如下。

```
['红烧肉', '熘肝尖', '西红柿炒鸡蛋', '北京烤鸭', '西红柿炒鸡蛋', '油焖大虾']
```

可以看到，使用 "+" 运算符合并两个列表后，重复的元素同时出现在新列表中。

7. 修改列表元素

修改列表中的元素时，只需要通过索引获取该元素，再为其重新赋值即可。

【例 4-9】　修改列表中的第 2 个元素。

```
menulist = ['红烧肉', '熘肝尖', '西红柿炒鸡蛋']
menulist[1] = '盐水鸭'
print(menulist)
```

列表 menulist 中第 2 个元素的索引是 1，通过索引获取该元素，再为其重新赋值，从而达到修改元素值的目的。

运行结果如下。

```
['红烧肉', '盐水鸭', '西红柿炒鸡蛋']
```

可以看到，列表中第 2 个元素的值已经被修改了。

8. 删除列表元素

使用 del 语句可以删除指定的列表元素，语法格式如下。

```
del 列表名[索引]
```

【例 4-10】 使用 del 语句删除列表元素。

```
menulist = ['红烧肉', '熘肝尖', '西红柿炒鸡蛋']
del menulist[0]
print(menulist)
```

运行结果如下。

```
['熘肝尖', '西红柿炒鸡蛋']
```

可以看到，列表中的第 1 个元素已经被删除了。

9. 定位列表元素

可以使用 index()函数获取列表中某个元素的索引，语法格式如下。

```
列表名.index(元素值)
```

函数返回元素在列表中的索引，如果元素在列表中不存在，则会出现异常。

【例 4-11】 使用 index()函数示例。

```
menulist = ['红烧肉', '熘肝尖', '西红柿炒鸡蛋']
print(menulist.index('红烧肉'))
print(menulist.index('西红柿炒鸡蛋'))
```

运行结果如下。

```
0
2
```

10. 遍历列表元素

遍历列表就是一个一个地访问列表元素，可以使用 for 语句和 range()函数遍历列表索引，再通过索引依次访问每个列表元素。其语法格式如下。

```
for i in range(len(列表名)):
    列表名[i]
```

【例 4-12】 使用 for 语句和 range()函数遍历列表元素。

```
list = ['王二', '张三', '李四', '王五']
for i in range(len(list)):
    print(list[i])
```

运行结果如下。

```
王二
张三
李四
王五
```

也可以使用 for 语句和 enumerate()函数同时遍历列表的元素索引与元素值，语法格式如下。

```
for 索引, 元素值 in enumerate(列表名):
    访问索引和元素值
```

【例 4-13】　使用 for 语句和 enumerate()函数遍历列表元素。

```
list = ['王二', '张三', '李四', '王五']
for index,value in enumerate(list):
    print("第%d 个元素值是[%s]"%(index, value))
```

运行结果如下。

```
第 0 个元素值是[王二]
第 1 个元素值是[张三]
第 2 个元素值是[李四]
第 3 个元素值是[王五]
```

11. 列表排序

列表排序操作是指按列表元素值的升序、降序或反序重新排列列表元素的位置。

可以使用 sort()函数对列表进行升序排列，语法格式如下。

```
列表名.sort()
```

调用 sort()函数后，列表被升序排列。

【例 4-14】　使用 sort()函数对列表进行升序排列。

```
list = ['apple', 'banana', 'pear', 'grape']
list.sort()
print(list)
```

运行结果如下。

```
['apple', 'banana', 'grape', 'pear']
```

可以使用 reverse()函数对列表进行反序排列，语法格式如下。

```
列表名.reverse()
```

调用 reverse()函数后，列表元素被反序排列。

【例 4-15】　使用 reverse()函数对列表进行反序排列。

```
list = ['apple', 'banana', 'pear', 'grape']
list.reverse()
print(list)
```

运行结果如下。

```
['grape', 'pear', 'banana', 'apple']
```

如果希望对列表元素进行降序排列，则可以先使用 sort()函数对列表进行升序排列，然后调用 reverse()函数对列表进行反序排列。

【例 4-16】　对列表进行反序排列。

```
list = ['apple', 'banana', 'pear', 'grape']
list.sort()
list.reverse()
print(list)
```

运行结果如下。

```
['pear', 'grape', 'banana', 'apple']
```

12. 定义多维列表

可以将多维列表视为列表的嵌套，即多维列表的元素值也是一个列表，只是维度比其父列表小 1。二维列表的元素值是一维列表，三维列表的元素值是二维列表，以此类推。

【例 4-17】 定义二维列表示例。

```
list2 = [["CPU", "内存"], ["硬盘", "声卡"]]
```

此时列表 list2 的内容如图 4-2 所示。

图 4-2　例 4-17 中列表 list2 的内容

【例 4-18】 输出二维列表。

```
list2 = [["CPU", "内存"], ["硬盘", "声卡"]]
for i in range(len(list2)):
    print(list2[i])
```

运行结果如下。

```
['CPU', '内存']
['硬盘', '声卡']
```

【例 4-19】 使用嵌套 for 语句输出二维列表的每一个元素。

```
list2 = [["CPU", "内存"], ["硬盘", "声卡"]]
for i in range(len(list2)):
    list1 = list2[i]
    for j in range(len(list1)):
        print(list1[j])
```

运行结果如下。

```
CPU
内存
硬盘
声卡
```

也可以使用下列方法来获取二维列表元素的值。

```
列表名[索引 1][索引 2]
```

【例 4-20】 使用嵌套两个索引访问二维列表的每一个元素。

```
list2 = [["CPU", "内存"], ["硬盘", "声卡"]]
for i in range(len(list2)):
    for j in range(len(list2[i])):
        print(list2[i][j])
```

运行结果如下。

```
CPU
内存
硬盘
声卡
```

13. 列表推导式

使用列表推导式可以快速生成一个列表，或者根据某个列表生成满足指定需求的列表。

可以使用列表推导式生成指定范围的数值列表，语法格式如下。

```
list = [Expression for var in range]
```

参数说明如下。

- list：表示生成的列表名称。

- Expression：表达式，用于计算新列表的元素。
- var：循环变量。

【例 4-21】　使用列表推导式生成指定范围的数值列表。

```
lista = [a for a in range(10)]
print("生成的列表是: ", lista)
```

运行结果如下。

```
生成的列表是: [0, 1, 2, 3, 4, 5, 6, 7, 8, 9]
```

range(10)的取值为 0、1、2、3、4、5、6、7、8、9，其取值可作为列表 lista 中的具体元素。

可以使用列表推导式根据一个列表生成满足指定需求的列表，语法格式如下。

```
newlist = [Expression for var in list]
```

参数说明如下。

- newlist：表示新生成的列表名称。
- Expression：表达式，用于计算新列表的元素。
- var：变量，值为后面列表的每个元素值。
- list：用于生成新列表的原列表。

【例 4-22】　先定义一个记录商品价格的列表，然后使用列表推导式生成一个将全部商品价格打五折的列表。

```
price = [1200, 5300, 2988, 6200, 1989, 8889]
sale = [int(x * 0.5) for x in price]
print("原价格: ", price)
print("打五折的价格: ", sale)
```

运行结果如下。

```
原价格: [1200, 5300, 2988, 6200, 1989, 8889]
打五折的价格: [600, 2650, 1494, 3100, 994, 4444]
```

列表 price 中的每个元素执行"int(x * 0.5)"操作后，操作结果作为列表 sale 中的具体元素。

可以使用列表推导式从列表中选择符合条件的元素组成新列表，语法格式如下。

```
newlist = [Expression for var in list if condition]
```

参数说明如下。

- newlist：表示新生成的列表名称。
- Expression：表达式，用于计算新列表的元素。
- var：变量，值为后面列表的每个元素值。
- list：用于生成新列表的原列表。
- condition：条件表达式，用于指定筛选条件。

【例 4-23】　先定义一个记录商品价格的列表,然后使用列表推导式生成一个商品价格高于 5000 元的列表。

```
price = [1200, 5300, 2988, 6200, 1989, 8889]
sale = [x for x in price if x > 5000]
print("原价格: ", price)
print("价格高于 5000 元的: ", sale)
```

运行结果如下。

```
原价格: [1200, 5300, 2988, 6200, 1989, 8889]
价格高于 5000 元的: [5300, 6200, 8889]
```

列表 price 中值大于 5000 的元素作为列表 sale 中的具体元素。

4.2.2 元组

元组（Tuple）与列表非常相似，它具有以下几个特性。

- 一经定义，元组的内容就不能改变。
- 元组元素可以存储不同类型的数据，可以是字符串、数字，甚至是元组。
- 元组元素由()括起来，如下所示。

```
t = (1, 2, 3, 4)
```

1. 定义元组

下面是一个元组的定义。

```
t = ('红烧肉', '熘肝尖', '西红柿炒鸡蛋', '油焖大虾')
```

2. 输出元组中的元素

可以直接使用 print()函数输出元组中的元素，语法格式如下。

```
print(元组名)
```

【例 4-24】 输出元组中的元素。

```
t = ('红烧肉', '熘肝尖', '西红柿炒鸡蛋', '油焖大虾')
print(t)
```

运行结果如下。

```
('红烧肉', '熘肝尖', '西红柿炒鸡蛋', '油焖大虾')
```

3. 删除元组

使用 del 语句可以删除指定的元组，语法格式如下。

```
del 元组名
```

【例 4-25】 使用 del 语句删除元组。

```
t = ('红烧肉', '熘肝尖', '西红柿炒鸡蛋', '油焖大虾')
del t
```

4. 访问元组中的元素

与列表一样，可以使用索引访问元组中的元素，语法格式如下。

```
元组名[索引]
```

【例 4-26】 访问元组元素。

```
t = ('红烧肉', '熘肝尖', '西红柿炒鸡蛋', '油焖大虾')
print(t[0])
print(t[3])
```

程序输出元组中索引为 0 和 3 的元素，运行结果如下。

```
红烧肉
油焖大虾
```

5. 获取元组的长度

元组长度指元组中元素的数量。可以使用 len()函数获取元组的长度，语法格式如下。

```
len(元组名)
```

【例 4-27】 输出元组的长度。

```
t = ('红烧肉', '熘肝尖', '西红柿炒鸡蛋', '油焖大虾')
print(len(t))
```

运行结果如下。

```
4
```

6. 遍历元组元素

与列表一样，可以使用 for 语句和 range()函数遍历元素索引，再通过索引依次访问每个元组元素。其语法格式如下。

```
for i in range(len(元组名)):
    元组名[i]
```

【例 4-28】 使用 for 语句和 range()函数遍历元组元素。

```
t = ('王二', '张三', '李四', '王五')
for i in range(len(t)):
    print(t[i])
```

运行结果如下。

```
王二
张三
李四
王五
```

也可以使用 for 语句和 enumerate()函数同时遍历元组的元素索引与元素值，语法格式如下。

```
for 索引, 元素值 in enumerate(元组名):
    访问索引和元素值
```

【例 4-29】 使用 for 语句和 enumerate()函数遍历元组元素。

```
tuple = ('王二', '张三', '李四', '王五')
for index, value in enumerate(tuple):
    print("第%d 个元素值是[%s]"%(index, value))
```

运行结果如下。

```
第 0 个元素值是[王二]
第 1 个元素值是[张三]
第 2 个元素值是[李四]
第 3 个元素值是[王五]
```

7. 元组排序

因为元组的内容不能改变，所以元组没有 sort()和 reverse()函数。可以先将元组转换为列表，然后对列表排序，最后将排序后的列表赋给元组。

可以使用下列方法将元组转换为列表。

```
列表对象 = list(元组对象)
```

将列表转换为元组的方法如下。

```
元组对象 = tuple(列表对象)
```

【例 4-30】 对元组进行升序排列。

```
t = ('apple', 'banana', 'pear', 'grape')
l = list(t)
l.sort()
t = tuple(l)
print(t)
```

运行结果如下。

```
('apple', 'banana', 'grape', 'pear')
```

【例4-31】 使用reverse()函数对元组进行反序排列。

```
t = ('apple', 'banana', 'pear', 'grape')
l = list(t)
l.reverse()
t = tuple(l)
print(t)
```

运行结果如下。

```
('grape', 'pear', 'banana', 'apple')
```

4.2.3 切片操作

切片是一种用来获取列表、元组、字符串等有序序列中部分元素的语法。在形式上，切片使用由2个冒号分隔的3个可选整数参数来实现，其语法格式如下。

```
[start:end:step]
```

其中，第1个数字start表示切片开始的位置，默认为0；第2个数字end表示切片截止（但不包含）的位置（默认为对象长度）；第3个数字step表示切片的步长（默认为1），省略步长时还可以同时省略最后一个冒号。当step为负整数时，表示反向切片，这时start应在end的右侧。示例如下。

- [:]表示获取所有元素（从左向右）。
- [1:5]表示获取第2~5个元素。
- [0:5:2]表示获取第1个、第3个和第5个元素。
- [:3]表示获取前3个元素。
- [3:]表示获取索引3及之后的所有元素。
- [::3]表示每3个元素获取1个。
- [-3:]表示获取最后3个元素。
- [:-5]表示获取除最后5个元素外的所有元素。
- [::-1]表示获取所有元素（从右向左）。

【例4-32】 切片操作示例。

```
app = ['微信', 'QQ', '支付宝', '淘宝', '京东', '抖音', '百度', '王者荣耀', '微博', '开心消消乐']
print(app[:])
print(app[1:5])
print(app[0:5:2])
print(app[:3])
print(app[3:])
print(app[::3])
print(app[-3:])
print(app[:-5])
print(app[::-1])
```

运行结果如下。

```
['微信', 'QQ', '支付宝', '淘宝', '京东', '抖音', '百度', '王者荣耀', '微博', '开心消消乐']
['QQ', '支付宝', '淘宝', '京东']
['微信', '支付宝', '京东']
['微信', 'QQ', '支付宝']
['淘宝', '京东', '抖音', '百度', '王者荣耀', '微博', '开心消消乐']
['微信', '淘宝', '百度', '开心消消乐']
```

```
['王者荣耀', '微博', '开心消消乐']
['微信', 'QQ', '支付宝', '淘宝', '京东']
['开心消消乐', '微博', '王者荣耀', '百度', '抖音', '京东', '淘宝', '支付宝', 'QQ', '微信']
```

4.2.4 列表和元组的区别

列表和元组的主要区别如表 4-1 所示。

表 4-1 列表和元组的主要区别

区别	列表	元组
可变性	可变序列（可以随时添加、修改或删除元素）	不可变序列（不能添加、修改和删除元素，可以整体替换元素）
切片操作	支持切片的操作（可以访问、修改列表中的元素）	支持切片的操作（只能访问元组中的元素）
访问速度	访问速度慢	访问速度快
是否可作为字典的键	不能作为字典的键	可以作为字典的键

4.3 字典和集合

4.3.1 字典

字典也是在内存中保存一组数据的数据结构，与列表不同的是：每个字典元素都有键（key）和值（value）两个属性。键用于定义和标识字典元素，键可以是一个字符串，也可以是一个整数；值就是字典元素对应的值。因此，字典元素就是一个"键-值"对。

图 4-3 所示为字典的示意图。灰色方块中是字典元素的键，白色方块中是字典元素的值。

图 4-3 字典的示意图

1. 定义字典

字典元素使用{}括起来，如下列语句用于定义一个空字典。

```
d1 = {}
```

也可以在定义字典时指定其中的元素，每个元素都由键和值组成，键和值之间使用冒号（:）进行分隔，元素之间使用逗号（,）进行分隔。示例如下。

```
d2={'name':'小明', 'sex':'男', 'age':'18', 'score':'80'}
```

2. 输出字典中的元素

可以使用 print()函数输出字典中的元素，语法格式如下。

```
print(字典名)
```

【例 4-33】 输出字典中的元素示例。

```
d={'name':'小明', 'sex':'男', 'age':'18', 'score':'80'}
print(d)
```

运行结果如下。

```
{'name':'小明', 'sex':'男', 'age':'18', 'score':'80'}
```

3. 获取字典的长度

字典长度是指字典中元素的数量。可以使用 len()函数获取字典的长度，语法格式如下。

```
len(字典名)
```

【例 4-34】 获取字典的长度示例。

```
d={'name':'小明', 'sex':'男', 'age':'18', 'score':'80'}
print(len(d))
```

运行结果如下。

```
4
```

4. 访问字典中的元素

字典由字典元素组成。对字典的管理就是对字典元素的访问和操作。可以使用下列方法来获取字典元素的值。

```
字典名[key]
```

key 是元素的键。如果不存在指定的键，则系统会提示异常。

【例 4-35】 访问字典中的元素示例。

```
d={'name':'小明', 'sex':'男', 'age':'18', 'score':'80'}
print(d['name'])
print(d['sex'])
print(d['age'])
print(d['score'])
```

程序输出字典中键为 'name'、'sex'、'age'、'score' 的元素，运行结果如下。

```
小明
男
18
80
```

5. 添加（修改）字典元素

可以通过赋值在字典中添加元素，语法格式如下。

```
字典名[键] = 值
```

如果字典中不存在指定键，则添加元素；否则修改键对应的值。

【例 4-36】 添加字典元素示例。

```
d={'name':'小明', 'sex':'男', 'age':'18'}
d['score'] = '80'
print(d)
```

运行结果如下。

```
{'name':'小明', 'sex':'男', 'age':'18', 'score':'80'}
```

【例 4-37】 修改字典元素示例。

```
d = {'name':'小明', 'sex':'男', 'age':'18', 'score':'70'}
d['score'] = '80'
print(d)
```

运行结果如下。

```
{'name':'小明', 'sex':'男', 'age':'18', 'score':'80'}
```

6. 合并两个字典

可以使用 update()函数将两个字典合并，语法格式如下。

```
字典名 1.update(字典名 2)
```

【例 4-38】　合并两个字典示例。

```
d1={'name':'小明', 'sex':'男'}
d2={'age':'18', 'score':'80'}
d1.update(d2)
print(d1)
```

运行结果如下。

```
{'name':'小明', 'sex':'男', 'age':'18', 'score':'80'}
```

可以看到，d2 的元素被合并到 d1 中。

7. 删除字典中的元素

使用 pop() 函数可以删除指定的字典元素，语法格式如下。

```
字典名.pop(键)
```

【例 4-39】　使用 pop() 函数删除字典中的元素。

```
d={'age':'18', 'name':'小明', 'score':'80', 'sex':'男'}
d.pop('score')
print(d)
```

运行结果如下。

```
{'age':'18', 'name':'小明', 'sex':'男'}
```

可以看到，字典中键为'score'的元素已经被删除。

8. 判断字典中是否存在指定元素

可以使用 in 关键字来判断字典中是否存在指定键的元素，语法格式如下。

```
键 in 字典名
```

如果字典中存在指定键的元素，则表达式返回 True；否则返回 False。

【例 4-40】　使用 in 关键字示例。

```
d={'age':'18', 'name':'小明', 'score':'80', 'sex':'男'}
if 'name1' in d:
    print(d['name1'])
else:
    print('不包含键为 name1 的元素')
```

运行结果如下。

```
不包含键为 name1 的元素
```

9. 遍历字典中的元素

可以使用 for…in 语句结合 keys() 函数和 values() 函数来遍历字典的键与值，语法格式如下。

```
for key in 字典名.keys():    #遍历字典的键
    字典名[key]
for key in 字典名.values():  #遍历字典的值
    字典名[key]
```

【例 4-41】　使用 for…in 语句遍历字典的键。

```
d={'age':'18', 'name':'小明', 'score':'80', 'sex':'男'}
for key in d.keys():           #遍历字典的键
    print('键'+key+'的值：'+d[key])
```

运行结果如下。

```
键 age 的值：18
键 name 的值：小明
键 score 的值：80
键 sex 的值：男
```

【例 4-42】 使用 for…in 语句遍历字典的值。

```
d={'age':'18', 'name':'小明', 'score':'80', 'sex':'男'}
for value in d.values():     #遍历字典的值
    print(value)
```

运行结果如下。

```
18
小明
80
男
```

另外，可以使用 for…in 语句结合 items() 函数来遍历字典的"键-值"对，语法格式如下。

```
for item in 字典名.items(): #遍历字典的"键-值"对
```

【例 4-43】 使用 for…in 语句遍历字典的"键-值"对。

```
d = {'age':'18', 'name':'小明', 'score':'80', 'sex':'男'}
for item in d.items():        #遍历字典的"键-值"对
    print(item)
```

运行结果如下。

```
('age', '18')
('name', '小明')
('score', '80')
('sex', '男')
```

10. 清空字典

使用 clear() 函数可以清空指定字典中的所有元素，语法格式如下。

```
字典名.clear()
```

【例 4-44】 使用 clear() 函数清空字典中的元素。

```
d = {'age':'18', 'name':'小明', 'score':'80', 'sex':'男'}
d.clear()
print(d)
```

运行结果如下。

```
{}
```

可以看到，字典已经被清空。

11. 字典的嵌套

字典中还可以嵌套字典，示例如下。

```
{'name':{'first':'Johney', 'last':'Lee'}, 'age':40}
```

可以通过下列方式访问嵌套字典。

```
字典名[键][键]
```

【例 4-45】 使用嵌套字典示例。

```
d={'name':{'first':'Tom', 'last':'Lee'}, 'age':40}
print(d['name']['first'])
```

运行结果如下。

```
Tom
```

12. 字典推导式

使用字典推导式可以快速生成一个字典，它的表现形式和列表推导式类似，只不过将其中的方括号"[]"替换为花括号"{}"，并且在指定表达式时，采用的是"键-值"对的形式。

【例 4-46】 使用字典推导式生成字典。

```
dic = {x: x**2 for x in (2, 4, 6)}
print(dic)
```

运行结果如下。

```
{2: 4, 4: 16, 6: 36}
```

2、4、6 这 3 个元素作为字典元素的"键"，具体的元素值为"键值**2"，即 4、16、36。

【例 4-47】 使用字典推导式生成字典。

```
listdemo = ['红烧肉', '北京烤鸭', '南京盐水鸭']
newdict = {key:len(key) for key in listdemo}
print(newdict)
```

运行结果如下。

```
{'红烧肉':3, '北京烤鸭':4, '南京盐水鸭':5}
```

将列表中各字符串的值（红烧肉、北京烤鸭、南京盐水鸭）作为字典元素的"键"，将各字符串的长度（3、4、5）作为字典元素的"值"，组成"键-值"对。

4.3.2 集合

集合由一组无序排列的元素组成，可以分为可变集合（set）和不可变集合（frozenset）。可变集合在创建后，可以添加元素、修改元素和删除元素；不可变集合在创建后不能改变。

集合元素用{}括起来。

1. 创建集合

可以使用 set()函数创建可变集合，函数参数为可迭代对象，如列表、字符串等。无参数时，创建一个空集合对象。

【例 4-48】 创建可变集合。

```
s = set('python')  #使用字符串常量作为参数来创建集合对象
print(type(s))
print(s)
```

运行结果如下。

```
<class 'set'>
{'t', 'o', 'y', 'p', 'n', 'h'}
```

可以看到，集合 s 的类型是 set（可变集合），生成的集合 s 中的元素是无序的。

可以使用 frozenset()函数来创建不可变集合，示例如下。

```
s = frozenset('python')
```

【例 4-49】 创建不可变集合。

```
fs = frozenset('python')
print(type(fs))
print(fs)
```

运行结果如下。

```
<class 'frozenset'>
frozenset({'n', 'y', 'h', 'o', 'p', 't'})
```

可以看到，集合 fs 的类型是 frozenset（不可变集合），生成的集合 fs 中的元素是无序的。

2.　获取集合的长度

集合长度指集合中元素的数量。可以使用 len() 函数来获取集合的长度，语法格式如下。

```
len(集合名)
```

【例 4-50】 输出集合的长度。

```
s = set('python')
print(len(s))
```

运行结果如下。

```
6
```

3.　访问集合中的元素

由于集合本身是无序的，因此其不支持索引访问及切片操作，仅支持通过循环来遍历其元素。可以使用 for…in 语句来遍历集合中的元素，语法格式如下。

```
for element in 集合名:
    访问 element
```

【例 4-51】 遍历集合元素。

```
s = set('python')
for e in s:
    print(e)
```

运行结果如下。

```
p
t
o
h
y
n
```

4.　添加集合元素

可以通过调用 add() 函数在集合中添加元素，语法格式如下。

```
集合名.add(值)
```

只能在可变集合中添加元素，不能在不可变集合中添加元素。

【例 4-52】 添加一个集合元素示例。

```
s = set('python')
s.add('0')
print(s)
```

运行结果如下。

```
{'t', 'y', 'h', 'p', 'o', '0', 'n'}
```

可以看到，'0'出现在了集合 s 中。

也可以使用 update() 函数将一个集合中的元素添加到指定集合中，语法格式如下。

```
集合名.update(值)
```

【例 4-53】 添加多个集合元素示例。

```
s = set([1, 2, 3])    #使用列表对象作为参数来创建集合对象
s.update([4, 5, 6])
print(s)
```

运行结果如下。

```
{1, 2, 3, 4, 5, 6}
```

例 4-53 中，使用列表对象作为参数来创建集合对象，所以最终生成的集合中的元素是有序的。

5. 删除集合中的元素

可以使用 remove()函数来删除指定的集合元素，语法格式如下。

```
集合名.remove(值)
```

可以使用 clear()函数来清空指定集合中的所有元素，语法格式如下。

```
集合名.clear()
```

空集合对象用 set()表示。

【例 4-54】　删除集合中的元素。

```
s = set([1, 2, 3])
s.remove(1)
print(s)
s.clear()
print(s)
```

运行结果如下。

```
{2,3}
set()
```

可以看到，使用 remove()函数删除了元素 "1"。调用 clear()函数后，集合被清空了。

6. 判断集合中是否存在指定元素

可以使用 in 运算符来判断集合中是否存在指定值的元素，语法格式如下。

```
值 in 集合
```

如果集合中存在指定值的元素，则表达式返回 True；否则返回 False。

【例 4-55】　判断集合中是否存在指定元素。

```
s = set([1, 2, 3])
if 2 in s:
    print('存在')
else:
    print('不存在')
```

运行结果如下。

```
存在
```

7. 遍历集合中的元素

可以使用 for…in 语句来遍历集合中的元素，语法格式如下。

```
for element in 集合名:
```

【例 4-56】　使用 for…in 语句遍历集合中的元素。

```
s = set([1, 2, 3])
for e in s:    #遍历集合
    print(e)
```

运行结果如下。

```
1
2
3
```

8. 集合的并集

集合的并集由所有属于集合 A 或集合 B 的元素组成。

可以使用"|"操作符来计算两个集合的并集，语法格式如下。

```
s = s1 | s2
```

【例 4-57】 使用"|"操作符计算两个集合的并集。

```
s1 = set([1, 2])
s2 = set([3, 4])
s = s1 | s2
print(s)
```

运行结果如下。

```
{1, 2, 3, 4}
```

也可以使用 union()函数来计算两个集合的并集，语法格式如下。

```
s = s1.union(s2)
```

【例 4-58】 使用 union()函数计算两个集合的并集。

```
s1 = set([1, 2])
s2 = set([3, 4])
s = s1.union(s2)
print(s)
```

运行结果如下。

```
{1, 2, 3, 4}
```

9. 集合的交集

集合的交集由所有既属于集合 A 又属于集合 B 的元素组成。

可以使用"&"操作符来计算两个集合的交集，语法格式如下。

```
s = s1 & s2
```

【例 4-59】 使用"&"操作符计算两个集合的交集。

```
s1 = set([1, 2, 3])
s2 = set([3, 4])
s = s1 & s2
print(s)
```

运行结果如下。

```
{3}
```

也可以使用 intersection()函数来计算两个集合的交集，语法格式如下。

```
s = s1.intersection(s2)
```

【例 4-60】 使用 intersection()函数计算两个集合的交集。

```
s1 = set([1, 2, 3])
s2 = set([3, 4])
s = s1.intersection(s2)
print(s)
```

运行结果如下。

```
{3}
```

10. 集合的差集

集合的差集由所有属于集合 A 但不属于集合 B 的元素组成。

可以使用"-"操作符来计算两个集合的差集，语法格式如下。

```
s = s1 - s2
```

【例 4-61】 使用"-"操作符计算两个集合的差集。

```
s1 = set([1, 2, 3])
s2 = set([3, 4])
s = s1 - s2
print(s)
```

运行结果如下。

```
{1, 2}
```

也可以使用 difference()函数来计算两个集合的差集，语法格式如下。

```
s = s1.difference(s2)
```

【例 4-62】　使用 difference()函数计算两个集合的差集。

```
s1 = set([1, 2, 3])
s2 = set([3, 4])
s = s1.difference(s2)
print(s)
```

运行结果如下。

```
{1,2}
```

11. 集合的对称差分

集合的对称差分由所有属于集合 A 或集合 B，并且不同时属于集合 A 和集合 B 的元素组成。换句话说，该集合是集合 A 和集合 B 的并集减去它们的交集。

可以使用 "^" 操作符来计算两个集合的对称差分，语法格式如下。

```
s = s1 ^ s2
```

【例 4-63】　使用 "^" 操作符计算两个集合的对称差分。

```
s1 = set([1, 2, 3])
s2 = set([3, 4])
s = s1 ^ s2
print(s)
```

运行结果如下。

```
{1, 2, 4}
```

也可以使用 symmetric_difference()函数来计算两个集合的对称差分，语法格式如下。

```
s = s1.symmetric_difference(s2)
```

【例 4-64】　使用 symmetric_difference()函数计算两个集合的对称差分。

```
s1 = set([1, 2, 3])
s2 = set([3, 4])
s = s1.symmetric_difference(s2)
print(s)
```

运行结果如下。

```
{1, 2, 4}
```

习题

一、选择题

1. 下列关于列表的说法中，不正确的是（　　　）。

   A. 列表元素类型可以不同

   B. 列表元素的数量没有限制

   C. 必须按顺序插入元素

   D. 支持 in 运算符，用于判定是否包含指定对象

2. 下列方法中，既适用于列表，又适用于字符串的方法是（　　）。

    A. append()　　　　　B. sort()　　　　　　C. find()　　　　　D. index()

3. 下列程序的运行结果是（　　）。

```
a = [10, 20, 30]
print(a * 2)
```

    A. [10, 20, 30, 10, 20, 30]　　　　　B. [20, 40, 60]

    C. [11, 22, 33]　　　　　　　　　　D. [10, 20, 30]

4. 表达式(12, 34, 56) + (78)的运算结果是（　　）。

    A. (12, 34, 56, (78))　　　　　　　B. (12, 34, 56, 78)

    C. [12, 34, 56, 78]　　　　　　　　D. 程序错误

5. 下列关于元组的说法中，正确的是（　　）。

    A. 所有元素的类型必须相同

    B. 支持 in 运算符，用于判定是否包含指定对象

    C. 插入的新元素始终放在最后

    D. 元组不支持切片操作

6. 对于列表 numbers = list(range(1,11))，下列操作中，（　　）得到的结果中包含数字 6。

    A. >>> numbers[0: 5]　　　　　　　B. >>> numbers[5: -1]

    C. >>> numbers[6]　　　　　　　　D. >>> numbers[-4: -1]

7. 下列选项中，元组和列表都支持的方法是（　　）。

    A. extend()　　　　　B. append()　　　　C. count()　　　　D. remove()

8. 下列程序的运行结果是（　　）。

```
>>> {1, 2, 3} & {3, 4, 5}
```

    A. {3}　　　　　　　　　　　　　　B. {1, 2, 3, 4, 5}

    C. {1, 2, 3, 3, 4, 5}　　　　　　　　D. 程序出错

9. 下列选项中，不能创建字典对象的是（　　）。

    A. { }　　　　　　　　　　　　　　B. dict(zip([1, 2, 3], [4, 5, 6]))

    C. dict([(1, 4), (2, 5), (3, 6)])　　　　D. {1, 2, 3}

10. 下列选项中，用于删除字典中所有元素的方法是（　　）。

    A. clear()　　　　　B. delete()　　　　C. close()　　　　D. deleteAll()

二、编程题

1. 编写程序，找出 1000 以内的所有完数。说明：一个数若恰好等于它的真因子（即除了本身以外的约数）之和，那么这个数就被称为完数。要求使用列表函数完成。

2. 编写程序，实现以下功能：用户输入一个列表和两个整数（作为下标），程序输出列表中介于两个下标之间的元素组成的子列表。例如，用户输入"[1, 2, 3, 4, 5, 6]"和"2, 5"，程序输出"[3, 4, 5, 6]"。

3. 编写程序，实现以下功能：用户从键盘输入一个字符串，程序检查该字符串是否为回文（正着读和反着读都是一样的字符串），如果是，则程序输出 Yes；否则，程序输出 No。要求使用切片来实现。

第 5 章　函数

　　函数（Function）由若干条语句组成，用于实现特定的功能。Python提供了丰富的系统函数，并且允许用户创建和使用自定义函数。本章将介绍如何创建和调用函数，函数的参数和返回值，以及 Python 中常用的内置函数。

5.1　函数的概念

　　在 Python 中，函数是由一段实现特定功能、可重用的代码构成的。函数通过唯一的函数名进行定义，并支持通过函数名来实现功能调用。

　　函数也可以看作一段具有名称的子程序，可以在需要的位置被调用执行，从而用户不需要在每个执行位置重复编写该函数的相关语句。用户每次使用函数时，可以提供不同的参数作为输入，以实现对不同数据的处理；函数在执行后，还可以反馈相应的处理结果。

　　使用函数主要有两个目的：降低编程难度和代码重用。

　　函数是一种功能抽象，利用它可以将一个复杂的大问题分解成一系列简单的小问题，再将小问题继续划分成更小的问题。当问题细化到足够简单时，就可以分而治之，为每个小问题编写程序，并通过函数进行封装。当各个小问题都解决后，大问题也就迎刃而解了。这就是自顶向下的程序设计思想。

　　函数可以在一个程序的多个位置被重复使用，也可以被多个不同的程序调用。当需要修改代码时，只需在函数内部修改一次代码，所有调用该函数的地方都会自动进行更新。这种代码复用的方式既减少了代码量，又降低了维护的复杂度。

5.2　创建自定义函数和调用函数

　　本节介绍创建自定义函数和调用函数的方法。使用自定义函数可以使程序的结构清晰，便于分工协作、调试与维护。

5.2.1　创建自定义函数

　　可以使用 def 关键字来创建自定义函数，语法格式如下。

```
def 函数名(参数列表):
    函数体
```

参数列表可以为空，即没有参数，但要保留()；也可以包含多个参数，参数之间使用逗号（,）进行分隔。函数体可以是一条语句，也可以由一组语句组成。

Python 函数体没有明显的开始和结束标记，没有表明函数开始和结束的花括号（{}）。唯一的分隔符是一个冒号（:），接着是代码本身（是缩进的）。函数体比 def 关键字多了一个缩进。开始缩进表示函数体的开始，取消缩进表示函数体的结束。

【例 5-1】 创建一个非常简单的函数 PrintWelcome()，它的功能是输出字符串"欢迎使用 Python"。

```
def PrintWelcome():
    print("欢迎使用 Python")
```

调用此函数，将输出"欢迎使用 Python"字符串。函数 PrintWelcome()没有参数列表，也就是说，每次调用函数 PrintWelcome()的结果都是一样的。

函数可以通过接收不同的参数来输出不同的字符串，这样调用者就能通过传入参数来控制函数的具体行为。

【例 5-2】 定义函数 PrintString()，其通过参数来决定输出内容。

```
def PrintString(str):
    print(str)
```

变量 str 是函数的参数。在函数体中，参数可以像其他变量一样被使用。

可以在函数中定义多个参数，多个参数之间使用逗号进行分隔。

【例 5-3】 定义一个函数 sum()，用于计算并输出两个参数之和。函数 sum()包含两个参数，即 num1 和 num2。

```
def sum(num1, num2):
    print(num1 + num2)
```

5.2.2 调用函数

可以直接使用函数名来调用函数，无论是系统函数还是自定义函数，调用方法都是一样的。

Python 是一种解释型语言，语句是自上而下执行的。所以必须先定义函数，然后才能调用函数。

【例 5-4】 调用例 5-1 中的函数 PrintWelcome()，输出"欢迎使用 Python"字符串。

```
def PrintWelcome():
    print("欢迎使用 Python")
PrintWelcome()
```

运行结果如下。

```
欢迎使用 Python
```

如果函数存在参数，则在调用函数时，需要给定参数。

【例 5-5】 调用例 5-2 中的函数 PrintString()，输出指定的字符串。

```
def PrintString(str):
    print(str)
PrintString("传递参数")
```

运行结果如下。

```
传递参数
```

如果函数中定义了多个参数，则在调用函数时需要给定多个参数，多个参数之间使用逗号进行分隔。

【例 5-6】 调用例 5-3 中的函数 sum()，计算并输出 1+3 之和。

```
def sum(num1, num2):
    print(num1 + num2)
sum(1, 3)
```

运行结果如下。

```
4
```

5.2.3 变量的作用域

在函数中也可以定义变量，在函数中定义的变量被称为局部变量。局部变量只在定义它的函数内部有效，在函数体之外，即使使用同名的变量，也会被看作另一个变量。在函数体之外定义的变量是全局变量。全局变量在定义后，其作用域覆盖后续所有代码，包括函数内部。如果局部变量和全局变量同名，则在定义局部变量的函数中，只有局部变量是有效的。

【例 5-7】 局部变量和全局变量作用域示例。

```
a = 100         #全局变量
def setNumber():
    a = 10      #局部变量
    print(a)    #输出局部变量 a
setNumber()
print(a)        #输出全局变量 a
```

在函数 setNumber()外部定义的变量 a 是全局变量，它在整个程序中都有效。函数 setNumber()中也定义了一个变量 a，它是局部变量，只在函数体内部有效。因此，在函数 setNumber()中修改变量 a 的值，只是修改了局部变量 a 的值，并不影响全局变量 a 的值。运行结果如下。

```
10
100
```

global 是 Python 中的全局变量关键字，它的作用是使一个局部变量成为全局变量。

在 Python 中定义函数时，若想在函数内部对函数外的变量进行操作，就需要在函数内部将其声明为 global 变量。添加了 global 关键字后，就可以在函数内部对函数外的对象进行操作了，也可以改变它的值。

【例 5-8】 global 关键字的使用示例。

```
a = 100
def setNumber():
    global a    #将 a 定义为全局变量
    print(a)
    a = 10
    print(a)
setNumber()
print(a)
```

在函数 setNumber()外部定义的变量 a 是全局变量，它在整个程序中都有效。函数 setNumber()中也定义了一个变量 a，且其前面加了 global 关键字，从而使局部变量 a 成为全局变量。因此，在函数 setNumber()中修改变量 a 的值，也会影响全局变量 a 的值。运行结果如下。

```
100
10
10
```

65

5.2.4　在调试窗口中查看变量的值

在 5.2.3 小节中，我们使用函数 print() 来输出变量的值，这是了解程序运行情况的常用方法。我们也可以通过 Python 文本编辑器 IDLE（下文简称 IDLE）的调试窗口来查看变量的值，这种方法更直观。

1.　设置断点

断点是调试器的功能之一，可以让程序在需要的地方中断，从而方便对其进行分析。右击要设置断点的程序行，在弹出的快捷菜单中选择 "Set Breakpoint" 命令，即可在当前行设置断点，且该行代码会显示黄色背景，如图 5-1 所示。

图 5-1　在 IDLE 主窗口中设置断点

右击有断点的程序行，在弹出的快捷菜单中选择 "Clear Breakpoint" 命令，即可清除当前行的断点。

2.　单步调试

设置断点后，运行程序，可以使程序运行停在断点处，之后逐条语句单步运行。利用单步调试可以查看程序的运行过程，同时可以查看在某一时刻某个变量的值。下面介绍在 IDLE 中单步调试程序的方法。

例如，在 IDLE 中先打开 "例 5-7.py"，然后执行 "Run/Python Shell" 命令，打开 Python Shell 窗口。在 Python Shell 窗口中执行 "Debug/ Debugger" 菜单命令，Python Shell 窗口就会出现下列文字。

```
[DEBUG ON]
```

同时，系统打开 "Debug Control" 窗口，如图 5-2 所示。

在 IDLE 主窗口中按 "F5" 键运行程序，在 "Debug Control" 窗口中可以看到，程序停留在第 1 行，如图 5-3 所示。单击 "Out" 按钮，程序会继续执行，并停在断点处，如图 5-4 所示。因为断点位于函数 setNumber() 中，所以我们在 "Debug Control" 窗口的 Locals 窗格中可以看到局部变量 a 的当前值。

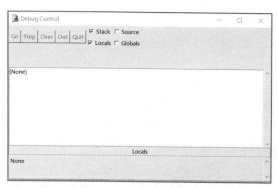

图 5-2　"Debug Control" 窗口

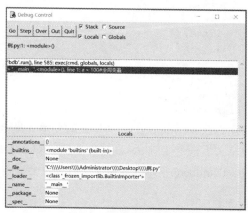

图 5-3　程序停留在第 1 行

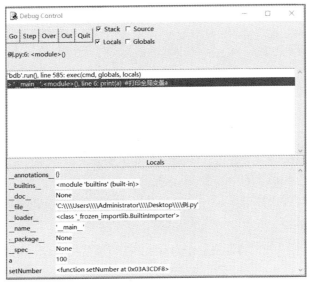

图 5-4　程序停在断点处

5.3　参数和返回值

函数通过参数接收输入数据，并通过返回值输出结果。本节将详细介绍这种数据交换方式的具体使用方法。

5.3.1　在函数中传递参数

在函数中可以定义参数，也可以通过参数向函数内部传递数据。在例 5-2 和例 5-3 中，我们已经讲解在函数中传递参数的方法。

1. 普通参数

Python 实行按值传递参数。值传递是指调用函数时将常量或变量的值（通常称其为实参）传递给函数的参数（通常称其为形参）。值传递的特点是实参与形参分别存储在各自的内存空间中，它们是两个不相关的独立变量。因此，在函数内部改变形参的值时，实参的值一般是不会改变的。5.2.2 小节介绍的例子都属于按值传递参数的情况。在调用函数时，实参默认采用按照位置顺序的方式传递给形参。

【例 5-9】　在函数中按值传递参数。

```python
def func(num):
    num += 1
a = 10
func(a)
print(a)
```

运行结果如下。

```
10
```

函数 func() 定义了一个参数 num，并在函数体中对参数 num 执行加 1 操作。在函数外定义了一个变量 a，并赋值为 10。以 a 为参数调用函数 func()，接着输出变量 a 的值，结果为 10。可见，虽然函数 func() 在函数体中改变了形参 num 的值，但这并不影响实参 a 的值。

【例 5-10】　分别输出形参和实参的地址。

```
def func(num):
    print("形参num的地址", id(num))
a = 10
func(a)
print("实参a的地址", id(a))
```

运行结果如下。

```
形参num的地址 1557053600
实参a的地址 1557053600
```

在上述结果中，实参和形参的地址相同，这是因为 Python 中的变量实际上是对象的引用。当传递实参 a 给形参 num 时，它们都指向同一个整数对象"10"在内存中的存储地址。

2. 列表和字典参数

在 Python 中，除了可以使用普通变量作为参数，还可以使用列表、字典作为参数，以向函数内部批量传递数据。

【例 5-11】　使用列表作为函数参数示例。

```
def sum(list):
    total = 0
    for x in range(len(list)):
        print(list[x],"+")
        total += list[x]
    print("=", total)
list = [15, 25, 35, 65]
sum(list)
```

函数 sum() 使用列表 list 作为参数，在函数体内对列表 list 中的元素进行遍历，输出元素的值和"+"，并将元素的值累加到变量 total 中，最后输出变量 total 的值。运行结果如下。

```
15 +
25 +
35 +
65 +
= 140
```

【例 5-12】　使用字典作为函数参数示例。

```
def print_dict(dict):
    for (k, v) in dict.items():
        print("dict[%s] =" % k, v)
dict = {"a":"apple", "b":"banana", "g":"grape", "o":"orange"}
print_dict(dict)
```

函数 print_dict() 使用列表 dict 作为参数，在函数体内对列表 dict 中的元素进行遍历，输出元素的键和值。运行结果如下。

```
dict[a] = apple
dict[b] = banana
dict[g] = grape
dict[o] = orange
```

当使用列表或字典作为函数参数时，在函数内部对列表或字典的元素所做的操作会影响实参。

【例 5-13】　在函数中修改列表参数。

```
def swap(list):
    temp = list[0]
    list[0] = list[1]
```

```
        list[1] = temp
list = [1, 2]
print(list)
swap(list)
print(list)
```

函数 swap() 接收一个列表作为参数，并在函数体中交换该列表中两个元素的值。在函数 swap() 外部定义了一个包含两个元素的列表 list，将其作为实参调用函数 swap()，并在调用前后分别输出列表 list 中的内容。运行结果如下。

```
[1, 2]
[2, 1]
```

可以看到，调用函数 swap() 后，作为实参的列表 list 的两个元素的值发生了交换。

【例 5-14】　在函数中修改字典参数。

```
def changeA(dict):
    dict['a'] = 1
d = {'a':10, 'b':20, 'c':30}
changeA(d)
print(d)
```

函数 changeA() 以字典 dict 作为参数，并将键为 "a" 的元素的值设置为 1。在函数 changeA() 外部定义了一个字典 d，以它为参数调用函数 changeA()，并输出字典 d 的内容。运行结果如下。

```
{'a':1, 'b':20, 'c':30}
```

可以看到，调用函数 changeA() 后，作为实参的字典 d 的键为 "a" 的元素值发生了变化。

3．参数的默认值

在 Python 中，可以为函数的参数设置默认值。可以在定义函数时，直接在参数后面使用 "=" 为其设置默认值。在调用函数时，可以不指定拥有默认值的参数的值，此时在函数体中以默认值作为该参数的值。但是，如果传入对应的参数值，则使用传入的对应参数值来替代默认值。

【例 5-15】　设置参数的默认值。

```
def say(message, times = 1):
    print(message * times)
say('hello')
say('Python', 3)
```

函数 say() 有两个参数：message 和 times，其中 times 的默认值为 1。运行结果如下。

```
hello
PythonPythonPython
```

程序中两次调用函数 say()。第 1 次调用使用一个参数，因为没有为参数 times 传值，所以在函数体中使用默认值 1 作为参数 times 的值，函数 say() 输出一次 "hello"；第 2 次调用使用两个参数，且为参数 times 传值 3，因此函数 say() 输出 3 次 "Python"。

注意

有默认值的参数只能出现在没有默认值的参数的后面。例如，下列定义是错误的。

```
def func1(a = 1,  b, c=10):
    函数体
```

【例 5-16】　有默认值的参数出现在没有默认值的参数的前面时，系统会报错。

```
def func1(a = 1,  b, c=10):
    d = a + b * c
func(10, 20, 30)
```

运行此程序，系统会弹出图 5-5 所示的报错对话框，提示没有默认值的参数出现在了有默认值的参数的后面，程序不能运行。

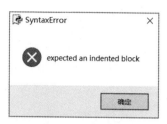

图 5-5　报错对话框

4. 可变长参数

Python 还支持可变长度的参数。可变长参数可以是元组或字典。当参数以*开头时，表示可变长参数将被视为一个元组，语法格式如下。

```
def func(*t):
```

在函数 func()中，t 被视为一个元组，使用 t[index]可获取其每一个元素。

可以使用任意多个实参来调用函数 func()，如"func(1,2,3,4)"。

【例 5-17】　使用元组作为可变长参数示例。

```
def func1(*t):
    print("可变长参数的元素数量如下: ")
    print(len(t))
    print("依次为: ")
    for x in range(len(t)):
        print(t[x])
func1(1,2,3,4)
```

运行结果如下。

```
可变长参数的元素数量如下:
4
依次为:
1
2
3
4
```

【例 5-18】　使用可变长参数计算任意个指定数字之和。

```
def sum(*t):
    sum=0
    for x in range(len(t)):
        print(str(t[x])+"+")
        sum+=t[x]
    print("="+str(sum))
sum(1,2)
sum(1,2,3,4)
sum(11,22,33,44,55)
```

程序依次使用 2 个参数、4 个参数和 5 个参数来调用函数 sum()，运行结果如下。

```
1+
2+
=3
1+
```

```
2+
3+
4+
=10
11+
22+
33+
44+
55+
=165
```

在调用函数时，也可以不指定可变长参数，此时可变长参数是一个没有元素的元组或字典。

【例 5-19】 调用函数时不指定可变长参数。

```
def sum(*t):
    sum=0
    for x in range(len(t)):
        print(str(t[x])+"+")
        sum+=t[x]
    if len(t)>0:
        print("="+str(sum))
sum()
```

调用函数 sum() 时没有指定参数，因此元组 t 没有元素，从而运行程序后没有输出。

当参数以 ** 开头时，表示可变长参数将被视为一个字典，语法格式如下。

```
def func(**t):
```

可以使用任意多个实参调用函数 func()，实参的格式为"键=值"，如"sum(a=1,b=2,c=3)"。

【例 5-20】 使用字典作为可变长参数示例。

```
def sum(**t):
    print(t)
sum(a=1, b=2, c=3)
```

运行结果如下。

```
{'a':1, 'b':2, 'c':3}
```

5.3.2 函数的返回值

可以为函数指定一个返回值，返回值可以是任何数据类型。可以使用 return 语句返回函数值，并退出函数。

【例 5-21】 对例 5-6 中的函数 sum() 进行改造，通过函数的返回值返回相加的结果。

```
def sum(num1, num2):
    return num1 + num2
print(sum(1, 3))
```

运行结果如下。

```
4
```

也可以把列表或字典作为函数的返回值。

【例 5-22】 返回指定列表中的偶数。

```
def filter_even(list):
    list1 = []
    for i in range(len(list)):
        if list[i]%2 == 0:
            list1.append(list[i])
    return list1
list = [1, 2, 3, 4, 5, 6, 7, 8, 9, 10]
```

```
list2 = filter_even(list)
print(list2)
```

函数 filter_even() 以列表 list 作为参数，并在函数体中定义了一个空列表 list1。函数 filter_even() 遍历列表 list，将其中的偶数参数添加到列表 list1 中，最后将列表 list1 作为返回值。程序使用函数 print() 输出函数 filter_even() 的返回值。运行结果如下。

```
[2, 4, 6, 8, 10]
```

5.4　Python 内置函数

Python 提供了很多实现各种功能的内置函数。内置函数在 Python 解释器启动时，会自动加载到内存中，因此可以直接调用。本节将介绍常用的 Python 内置函数的使用方法。

5.4.1　数学运算函数

与数学运算有关的常用 Python 内置函数如表 5-1 所示。

表 5-1　与数学运算有关的常用 Python 内置函数

函数	原型	具体说明
abs()	abs(x)	返回 x 的绝对值
pow()	pow(x, y)	返回 x 的 y 次幂
round()	round(x[, n])	返回浮点数 x 的四舍五入值，参数 n 用于指定保留的小数位数。如果省略 n，则四舍五入，保留整数部分
divmod()	divmod(a, b)	返回 a 除以 b 的商和余数，返回结果为一个元组。例如，divmod(a, b) 返回 (a // b, a % b)

【例 5-23】　数学运算函数使用示例。

```
print(abs(-1))
print(round(80.23456, 2))
print(pow(2, 3))
print(divmod(8, 3))
```

运行结果如下。

```
1
80.23
8
(2, 2)
```

5.4.2　字符串处理函数

字符串处理函数是编程语言中用来进行字符串处理的函数。

1. 用于实现字符串中字符大小写转换的函数

用于实现字符串中字符大小写转换的 Python 内置函数如表 5-2 所示。

表 5-2　用于实现字符串中字符大小写转换的 Python 内置函数

函数	原型	具体说明
lower()	str.lower()	将字符串 str 中的字母转换为小写字母
upper()	str.upper()	将字符串 str 中的字母转换为大写字母
swapcase()	str.swapcase()	将字符串 str 中的字母大小写互换
capitalize()	str.capitalize()	将字符串 str 中的首字母设置为大写，其余字母设置为小写
title()	str. title()	将字符串 str 中每个单词的首字母设置为大写，其余字母设置为小写

【**例 5-24**】　字符大小写转换函数使用示例。

```
str1 ="hello world"
str2 ="HELLO WORLD"
str3 ="Hello world"
print(str1.upper())
print(str2.lower())
print(str3.swapcase())
print(str1.capitalize())
print(str2.title())
```

运行结果如下。

```
HELLO WORLD
hello world
hELLO WORLD
Hello world
Hello World
```

2. 输出字符串时指定对齐方式的函数

输出字符串时指定对齐方式的 Python 内置函数如表 5-3 所示。

表 5-3　输出字符串时指定对齐方式的 Python 内置函数

函数	原型	具体说明
ljust()	str.ljust(width,[fillchar])	左对齐字符串 str，总宽度为 width，不足部分以参数 fillchar 指定的字符填充，默认使用空格填充
rjust()	str.rjust(width,[fillchar])	右对齐字符串 str，总宽度为 width，不足部分以参数 fillchar 指定的字符填充，默认使用空格填充
center()	str.center(width,[fillchar])	居中对齐字符串 str，总宽度为 width，不足部分以参数 fillchar 指定的字符填充，默认使用空格填充
zfill()	str.zfill(width)	将字符串 str 变成 width 长，并且右对齐，不足部分用 0 补足

【**例 5-25**】　输出字符串时指定对齐方式的函数使用示例。

```
str1 ="hello world"
print(str1.ljust(30, "*"))
print(str1.rjust(30, "*"))
print(str1.center(30, "*"))
print(str1.zfill(30))
```

运行结果如下。

```
hello world*******************
*******************hello world
*********hello world**********
0000000000000000000hello world
```

3. 搜索和替换字符串函数

搜索和替换字符串的 Python 内置函数如表 5-4 所示。

表 5-4　搜索和替换字符串的 Python 内置函数

函数	原型	具体说明
find()	str.find(substr, [start, [end]])	返回字符串 str 中出现子串 substr 的第 1 个字母的位置，如果 str 中没有 substr，则返回 -1。搜索范围从 start（默认为 0）至 end（默认为字符串的长度）
index()	str.index(substr, [start, [end]])	与函数 find() 相同，只是在 str 中没有 substr 时，函数 index() 会返回一个运行时错误
rfind()	str.rfind(substr, [start, [end]])	返回从右侧算起，字符串 str 中出现子串 substr 的第 1 个字母的位置，如果 str 中没有 substr，则返回 -1。搜索范围从 start（默认为 0）至 end（默认为字符串的长度）
rindex()	str.rindex (substr, [start,[end]])	与函数 rfind() 相同，只是在 str 中没有 substr 时，函数 rindex() 会返回一个运行时错误

函数	原型	具体说明
count()	str.count(substr, [start,[end]])	计算 substr 在 str 中出现的次数。统计范围从 start（默认为 0）至 end（默认为字符串的长度）
replace()	str.replace(oldstr, newstr, [count])	把 str 中的 oldstr 替换为 newstr，count 为替换次数
strip()	str.strip([chars])	移除字符串 str 首尾所有出现在 chars 参数中的字符。若未指定 chars 参数，则默认移除空白字符（包括'\n'、'\r'、'\t'和空格）
lstrip()	str.lstrip([chars])	移除字符串 str 开头所有出现在 chars 参数中的字符。若未指定 chars 参数，则默认移除空白字符（包括'\n'、'\r'、'\t'和空格）
rstrip()	str.rstrip([chars])	移除字符串 str 末尾所有出现在 chars 参数中的字符。若未指定 chars 参数，则默认移除空白字符（包括'\n'、'\r'、'\t'和空格）

【例 5-26】　搜索和替换字符串函数使用示例。

```
theString = 'saaaay yes no yaaaass'
print(theString.strip('say'))    #theString 首尾依次被去除包含在['s', 'a', 'y']内的字符
print(theString.strip('say '))   #say 后面有空格
print(theString.lstrip('say'))
print(theString.rstrip('say'))
```

运行结果如下。

```
yes no
es no
 yes no yaaaass
saaaay yes no
```

【例 5-27】　搜索和替换字符串函数使用示例。

```
str1 = "hello world"
print(str1.find("l"))
print(str1.index("o"))
print(str1.rfind("l"))
print(str1.rindex("o"))
print(str1.count("o"))
str2 = "    Hello"
print(str2.replace(" ", "*"))
print(str2.strip())
```

运行结果如下。

```
2
4
9
7
2
*****Hello
Hello
```

4. 分隔和组合字符串函数

分隔和组合字符串的 Python 内置函数如表 5-5 所示。

表 5–5　分隔和组合字符串的 Python 内置函数

函数	原型	具体说明
split()	str.split([sep, [maxsplit]])	以 sep 为分隔符，把 str 分隔成一个列表。参数 maxsplit 表示分隔的次数
splitlines()	str.splitlines([keepends])	将字符串按行分隔符拆分为列表，其参数 keepends 为布尔类型，当设为 True 时，保留每行末尾的行分隔符；若省略该参数或设为 False（默认值），则不保留每行末尾的行分隔符
join()	str.join(seq)	把 sep 代表的序列——字符串序列，使用 str 连接起来

【**例 5-28**】 分隔和组合字符串函数使用示例。

```
str1 = "hello world Python"
list1 = str1.split(" ")
print(list1)
str1 = "hello world\nPython"
list1 = str1.splitlines()
print(list1)
list1 = ["hello", "world", "Python"]
str1 = "#"
print(str1.join(list1))
```

运行结果如下。

```
['hello', 'world', 'Python']
['hello world', 'Python']
hello#world#Python
```

5. 字符串判断相关函数

与字符串判断相关的 Python 内置函数如表 5-6 所示。

表 5-6　与字符串判断相关的 Python 内置函数

函数	原型	具体说明
startswith()	str.startswith(substr)	判断 str 是否以 substr 开头
endswith()	str.endswith(substr)	判断 str 是否以 substr 结尾
isalnum()	str.isalnum()	判断 str 是否全为字母或数字
isalpha()	str.isalpha()	判断 str 是否全为字母
isdigit()	str.isdigit()	判断 str 是否全为数字
islower()	str.islower()	判断 str 是否全为小写字母
isupper()	str.isupper()	判断 str 是否全为大写字母

【**例 5-29**】 与字符串判断相关函数使用示例。

```
str = 'python String function'
print(str.startswith('t'))
print(str.endswith('d'))
print(str.isalnum())
str = 'pythonStringfunction'
print(str.isalnum())
print(str.isalpha())
print(str.isupper())
print(str.islower())
print(str.isdigit())
str = '3423'
print(str.isdigit())
```

运行结果如下。

```
False
False
False
True
True
False
False
False
True
```

5.4.3　其他常用内置函数

本小节将介绍两个其他的常用内置函数。

1. 函数 help()

函数 help()可用于获取指定参数的帮助信息，语法格式如下。

```
help(para)
```

如果参数 para 是一个字符串，则函数 help()会自动搜索以 para 命名的模块、方法等。如果 para 是一个对象，则函数 help()会输出这个对象类型的帮助信息。

【例 5-30】　使用函数 help()获取函数 print()的帮助信息。

```
help('print')
```

运行结果如下。

```
Help on built-in function print in module builtins:
print(...)
    print(value, ..., sep=' ', end='\n', file=sys.stdout, flush=False)

    Prints the values to a stream, or to sys.stdout by default.
    Optional keyword arguments:
    file: a file-like object (stream); defaults to the current sys.stdout.
    sep:  string inserted between values, default a space.
    end:  string appended after the last value, default a newline.
    flush: whether to forcibly flush the stream.
```

【例 5-31】　使用函数 help()获取列表对象类型的帮助信息。

```
l = [1,2,3]
help(l)
```

运行结果如下。

```
Help on list object:
class list(object)
 |  list() -> new empty list
 |  list(iterable) -> new list initialized from iterable's items
 |
 |  Methods defined here:
 |
 |  __add__(self, value, /)
 |      Return self+value.
 |
 |  __contains__(self, key, /)
 |      Return key in self.
 |
 |  __delitem__(self, key, /)
 |      Delete self[key].
 |
 |  __eq__(self, value, /)
 |      Return self==value.
 |
 |  __ge__(self, value, /)
 |      Return self>=value.
 |
 |  __getattribute__(self, name, /)
 |      Return getattr(self, name).
 |
```

```
 |  __getitem__(...)
 |      x.__getitem__(y) <==> x[y]
 |
 |  __gt__(self, value, /)
 |      Return self>value.
 |
 |  __iadd__(self, value, /)
 |      Implement self+=value.
 |
 |  __imul__(self, value, /)
 |      Implement self*=value.
 |
 |  __init__(self, /, *args, **kwargs)
 |      Initialize self.  See help(type(self)) for accurate signature.
 |
 |  __iter__(self, /)
 |      Implement iter(self).
 |
 |  __le__(self, value, /)
 |      Return self<=value.
 |
 |  __len__(self, /)
 |      Return len(self).
 |
 |  __lt__(self, value, /)
 |      Return self<value.
 |
 |  __mul__(self, value, /)
 |      Return self*value.n
 |
 |  __ne__(self, value, /)
 |      Return self!=value.
 |
 |  __new__(*args, **kwargs) from builtins.type
 |      Create and return a new object.  See help(type) for accurate signature.
 |
 |  __repr__(self, /)
 |      Return repr(self).
 |
 |  __reversed__(...)
 |      L.__reversed__() -- return a reverse iterator over the list
 |
 |  __rmul__(self, value, /)
 |      Return self*value.
 |
 |  __setitem__(self, key, value, /)
 |      Set self[key] to value.
 |
 |  __sizeof__(...)
 |      L.__sizeof__() -- size of L in memory, in bytes
 |
 |  append(...)
 |      L.append(object) -> None -- append object to end
 |
 |  clear(...)
```

```
|       L.clear() -> None -- remove all items from L
|
|   copy(...)
|       L.copy() -> list -- a shallow copy of L
|
|   count(...)
|       L.count(value) -> integer -- return number of occurrences of value
|
|   extend(...)
|       L.extend(iterable) -> None -- extend list by appending elements from the iterable
|
|   index(...)
|       L.index(value, [start, [stop]]) -> integer -- return first index of value.
|       Raises ValueError if the value is not present.
|
|   insert(...)
|       L.insert(index, object) -- insert object before index
|
|   pop(...)
|       L.pop([index]) -> item -- remove and return item at index (default last).
|       Raises IndexError if list is empty or index is out of range.
|
|   remove(...)
|       L.remove(value) -> None -- remove first occurrence of value.
|       Raises ValueError if the value is not present.
|
|   reverse(...)
|       L.reverse() -- reverse *IN PLACE*
|
|   sort(...)
|       L.sort(key=None, reverse=False) -> None -- stable sort *IN PLACE*
|
|   ----------------------------------------------------------------------
|   Data and other attributes defined here:
|
|   __hash__ = None
```

函数 help()列出了列表对象类型的基本信息和所有方法。

2. 函数 type()

函数 type()可用于获取指定对象的数据类型，语法格式如下。

```
type(obj)
```

参数 obj 是一个常量、变量或对象。

【例 5-32】　使用函数 type()获取指定对象的数据类型。

```
a = 'print'
print(type(a))
b = 10
print(type(b))
l = [1, 2, 3]
print(type(l))
```

运行结果如下。

```
<class 'str'>
<class 'int'>
<class 'list'>
```

5.5 函数综合实例

本节通过两个实例帮助读者巩固有关 Python 函数的学习内容。

5.5.1 递归函数

递归函数是指直接或间接调用函数本身的函数。递归求解方法如下所示。

$$n! = \begin{cases} n! = 1 & (n = 0,1) \\ n(n-1)! & (n > 1) \end{cases}$$

【例 5-33】 使用递归函数计算 5 的阶乘。

```
def fact(n):
    if n == 1 or n == 0:
        return 1
    else:
        return n * fact(n - 1)
print(fact(5))
```

运行结果如下。

```
120
```

下面详细阐述程序的执行过程。

初始调用：fact(5)被调用。因为 n 不是 0 或 1，所以进入 else 分支，函数返回 5 * fact(4)。

第 1 次递归调用：fact(4)被调用。因为 n 不是 0 或 1，所以进入 else 分支，函数返回 4 * fact(3)。

第 2 次递归调用：fact(3)被调用。因为 n 不是 0 或 1，所以进入 else 分支，函数返回 3 * fact(2)。

第 3 次递归调用：fact(2)被调用。因为 n 不是 0 或 1，所以进入 else 分支，函数返回 2 * fact(1)。

第 4 次递归调用：fact(1)被调用。因为 n 是 1，所以进入 if 分支，函数返回 1。

此时，递归开始回溯（即返回值逐级传递）。

回溯到第 3 次递归调用：fact(2)返回 2 * 1，即 2。

回溯到第 2 次递归调用：fact(3)返回 3 * 2，即 6。

回溯到第 1 次递归调用：fact(4)返回 4 * 6，即 24。

回溯到初始调用：fact(5)返回 5 * 24，即 120。

最终，fact(5)返回 120，即 5 的阶乘为 120。

5.5.2 斐波那契数列

斐波那契数列指的是这样一个数列：1、1、2、3、5、8、13、21……

前两项数字都是 1，从第 3 项起，任何一个数字均是其前两个数字的和。例如，1+1=2，1+2=3，2+3=5，3+5=8，5+8=13，8+13=21 等。

【例 5-34】 求斐波那契数列的前 20 项。

```
#使用迭代方法计算斐波那契数列的前 20 项
def fibonacci(n):
    fib_sequence = []
    a, b = 1, 1    #斐波那契数列的前两项都是 1
    for _ in range(n):
        fib_sequence.append(a)
        a, b = b, a + b
```

```
        return fib_sequence
#获取斐波那契数列的前 20 项
fib_20 = fibonacci(20)
print(fib_20)
```

运行结果如下。

```
[1, 1, 2, 3, 5, 8, 13, 21, 34, 55, 89, 144, 233, 377, 610, 987, 1597, 2584, 4181, 6765]
```

上述代码首先定义了一个函数 fibonacci()，它接收一个参数 n，n 表示要计算的斐波那契数列的项数。然后，在函数中初始化一个空列表 fib_sequence（用来存储斐波那契数列的项），以及两个变量 a 和 b（用来存储当前和前一个斐波那契数列的项）。因为斐波那契数列的前两项都是 1，所以变量 a 和 b 的初值都为 1。接下来，函数中使用一个 for 循环来计算斐波那契数列的每一项，并将每一项添加到 fib_sequence 列表中。最后，函数返回列表 fib_sequence。

在调用函数 fibonacci() 时，传入 20 作为参数，以获取斐波那契数列的前 20 项，并将结果存储在变量 fib_20 中。最后，使用函数 print() 将结果输出。

习题

一、选择题

1. 若函数定义的头部为"def greet(username):"，则下列语句中，（　　　）是对该函数的错误调用。

    A．greet("Jucy")　　　B．greet('Jucy')　　　C．greet()　　　D．greet(username='Jucy')

2. 下列程序的运行结果是（　　　）。

```
a = 1
def fun(a):
    a = 2 + a
    print(a)
fun(a)
print(a)
```

    A．3　　　　　　　B．4　　　　　　　C．3　　　　　　　D．程序出错
      1　　　　　　　 1　　　　　　　 2

3. 下列选项中，（　　　）不是标准的内置函数。

    A．dir()　　　　　B．sin()　　　　　C．print()　　　　D．range()

4. 下列程序的运行结果是（　　　）。

```
x = 0
def fun(y):
    y = 1
fun(x)
print(x)
```

    A．3　　　　　　　B．2　　　　　　　C．1　　　　　　　D．0

5. 下列程序的运行结果是（　　　）。

```
x = 1
def fun():
    global x
    x = 2
fun()
print(x)
```

A. 0　　　　　　　B. 1　　　　　　　C. 2　　　　　　　D. 3

6. 假设定义以下函数，则下列语句中，（　　　）的函数调用会产生错误。

```
def defP(a1,a2=2,a3=3):
    print(a1,a2,a3)
```

　　A. defP(a2=10,a3=10)　　　　　　B. defP(10,a3=10)

　　C. defP(a3=10,a1=10)　　　　　　D. defP(10)

7. 下列程序的运行结果是（　　　）。

```
x = 10
y = 20
def swap(x,y):
    t = x
    x = y
    y = t
    print(x,y)
swap(x,y)
print(x,y)
```

　　A. 10　20　　　　B. 20　10　　　　C. 10　20　　　　D. 20　10

　　　　10　20　　　　　　10　20　　　　　20　10　　　　　20　10

8. 下列程序的运行结果是（　　　）。

```
def foot():
    m = 10
    def bar():
        n = 20
        return m + n
    m = bar()
    print(m)
foot()
```

　　A. 程序出错　　　　B. 30　　　　　　C. 20　　　　　　D. 10

9. 下列程序的运行结果是（　　　）。

```
def f1(a,b,*c):
    s = 0
    for i in c:
        s += i
    return s
print(f1(1,2,3,4,5))
```

　　A. 15　　　　　　B. 14　　　　　　C. 12　　　　　　D. 9

10. 下列关于函数参数传递中的形参与实参的描述，错误的是（　　　）。

　　A. Python 实行按值传递参数，值传递是指调用函数时将常量或变量的值（通常称其为实参）传递给函数的参数（通常称其为形参）

　　B. 实参与形参分别存储在各自的内存空间中，是两个不相关的独立变量

　　C. 在函数内部改变形参的值时，实参的值一般是不会被改变的

　　D. 实参与形参的名称必须相同

二、编程题

1. 编写函数，其功能如下：接收一个字符串，分别统计大写字母、小写字母、数字、其他字符的个数，并以元组的形式返回结果。

2. 编写函数，其功能如下：接收字符串参数，返回一个列表，其中第 1 个元素为大写字母的

个数，第 2 个元素为小写字母的个数。

3. 编写函数，其功能如下：接收列表 lst 和一个整数 k 作为参数，将列表 lst 中下标 k 之前的元素逆序，下标 k 之后的元素也逆序，之后将整个列表 lst 中的所有元素逆序。

4. 编写函数，其功能如下：可以接收任意多个整数并输出其中的最大值和所有整数之和。

5. 使用辗转相除法（欧几里得算法）求 162 和 189 的最大公约数。提示：辗转相除法是一种用于计算两个非负整数 a 和 b 的最大公约数的方法，其基本原理是，两个整数的最大公约数等于其中较小的数与这两个数相除所得余数的最大公约数。具体计算公式为，gcd(a,b) = gcd(b, a mod b)，其中 a mod b 表示 a 除以 b 的余数。

第 6 章　模块

模块是 Python 的一个重要概念，它可以将函数按功能划分到一起，以便日后使用或共享给他人。用户可以使用 Python 标准库中的模块，也可以下载和使用第三方模块。本章将介绍如何使用 Python 标准库中的模块、如何自定义模块，以及如何下载和使用第三方模块。

6.1　Python 标准库中的常用模块

Python 标准库是 Python 自带的开发包，是 Python 的组成部分，它会随 Python 解释器一起安装在系统中。Python 标准库包含许多模块，本节将介绍其中一些常用模块的使用方法。

在 Python 中，使用模块前必须导入模块。模块导入使用关键字 import 来实现，主要有以下 3 种导入方法。

1.　import 方法

此种方法使用 import 语句导入模块，语法格式如下。

```
import 模块名
```

导入后，可以使用下列方法来访问模块中的函数。

```
模块名.函数名(参数列表)
```

导入后，可以使用下列方法来访问模块中的变量。

```
模块名.变量名
```

2.　from…import 方法

此种方法使用 from…import 语句导入模块，语法格式如下。

```
from 模块名 import 函数名
```

通过这种方法导入后，可使用 "模块名.函数名()" 的形式来调用模块中的函数。

3.　import…as 方法

此种导入模块的方法是使用 import…as 语句，语法格式如下。

```
import 模块名 as 别名
```

通过这种方法导入后，调用该模块的函数时需要使用设置的别名，即通过别名来调用模块中的函数，语法格式如下。

```
别名.函数名(参数列表)
```

这种方法的主要目的是简化代码的书写。

6.1.1　math 模块

math 模块是基础数学处理模块，可以实现基本的数学运算。可以使用 import 语句来导入该模块，如下所示。

```
import math
```

math 模块定义了 e（自然常数）和 pi（π）两个常量。

【例 6-1】　输出 e（自然常数）和 pi（π）的值。

```
import math
print(math.e)
print(math.pi)
```

运行结果如下。

```
2.718281828459045
3.141592653589793
```

math 模块中的常用函数如表 6-1 所示。

表 6-1　math 模块中的常用函数

函数	原型	具体说明
ceil()	math.ceil(x)	返回大于或等于 x 的最小整数
fabs()	math.fabs(x)	返回 x 的绝对值
floor()	math.floor(x)	返回小于或等于 x 的最大整数
pow()	math.pow(x,y)	返回 x 的 y 次幂
sqrt()	math.sqrt(x)	返回 $\sqrt{x}$
trunc()	math.trunc(x)	返回 x 的整数部分

【例 6-2】　使用 math 模块示例。

```
import math
print(math.ceil(3.4))
print(math.fabs(-3))
print(math.floor(3.4))
print(math.sqrt(4))
print(math.trunc(3.4))
```

运行结果如下。

```
4
3.0
3
2.0
3
```

6.1.2　random 模块

random 模块用于生成随机数，random 模块中的常用函数如表 6-2 所示。

表 6-2　random 模块中的常用函数

函数	原型	具体说明
random()	random.random()	用于生成一个 0～1 之间的随机浮点数 n：$0 \leqslant n < 1.0$
uniform()	random.uniform(a,b)	用于生成一个指定范围内的随机浮点数。两个参数中，其中一个是上限，另一个是下限。如果 a<b，则生成的随机浮点数 n 满足 $a \leqslant n \leqslant b$；如果 a>b，则 $b \leqslant n \leqslant a$

续表

函数	原型	具体说明
randint()	random.randint(a,b)	用于生成一个指定范围内的整数。其中，参数 a 是下限，参数 b 是上限。生成的随机数 n：a ≤ n ≤ b
randrange()	random.randrange ([start], stop[, step])	用于从[start,stop)范围内按指定步长 step 递增的集合中，获取一个随机数。start 的默认值为 0，step 的默认值为 1。例如，random.randrange(1,10,2)，结果相当于从[1,3,5,7,9]序列中获取一个随机数
choice()	random.choice(sequence)	用于从序列中获取一个随机元素。参数 sequence 表示一个有序类型，可以是列表、元组或字符串
shuffle()	random.shuffle (x)	用于将一个列表中的元素打乱。x 是一个列表
sample()	random.sample(sequence,k)	用于从指定序列 sequence 中随机获取 k 个元素，并以列表类型返回。原有序列不会被修改

【例 6-3】　随机生成一个 0～100 之间的整数。

```
import random
print(random.randint(0,100))
```

由于是随机生成，每次运行的结果不同，但都是 0～100 之间的整数。后面的随机数生成示例也是一样的。

【例 6-4】　随机生成一个 1～100 之间的偶数。

```
import random
print(random.randrange(2, 101, 2))
```

由于 1～100 之间的第 1 个偶数是 2，所以函数的第 1 个参数的起始值为 2。

【例 6-5】　随机生成一个 0～1 之间的浮点数。

```
import random
print(random.random())
```

【例 6-6】　从指定字符集合中随机获取一个字符。

```
import random
print(random.choice('jklhgy&#&*()%^@'))
```

【例 6-7】　将一个列表中的元素打乱。

```
import random
list = [1, 2, 3, 4, 5, 6]
random.shuffle(list)
print(list)
```

【例 6-8】　从指定序列中随机获取指定个数的元素。

```
import random
list = [1, 2, 3, 4, 5, 6]
print(random.sample(list,3))
```

6.1.3　sys 模块

sys 模块是 Python 标准库中常用的模块。通过它可以获取命令行参数，从而实现从程序外部向程序传递参数的功能；通过它也可以查询程序路径和当前的操作系统等信息。

1. 查询当前操作系统

Python 是支持跨平台的语言。因此，在编程时经常需要查询当前的操作系统，以便针对操作系统编写对应的程序。

使用变量 sys.platform 可以查询当前的操作系统。

【例 6-9】 使用变量 sys.platform 查询当前的操作系统。

```
import sys
print(sys.platform)
```

在 Windows 操作系统中运行例 6-9 中程序的结果如下。

```
win32
```

2. 使用命令行参数

所谓命令行参数，是指在运行程序时命令行中给定的参数。例如，使用下列命令运行 1.py。

```
python 1.py a b c
```

a、b、c 连同脚本文件 1.py 都是命令行参数。通过命令行参数可以向程序传递数据。

使用 sys 模块中的 argv 序列可以获取命令行参数。sys.argv[0]是当前运行的脚本文件的文件名，sys.argv[1]是第 1 个命令行参数，sys.argv[2]是第 2 个命令行参数，以此类推。

【例 6-10】 获取命令行参数。

```
import sys
print("共有", len(sys.argv), "个命令行参数。")
for i in range(0, len(sys.argv)):
    print("第", i+1, "个参数为:", sys.argv[i])
```

程序首先输出命令行参数的数量，然后使用 for 语句依次输出命令行参数的内容。打开命令行窗口，切换到例 6-10 所在的目录，执行下列命令。

```
python 例 6-10.py a b c
```

运行结果如下。

```
共有 4 个命令行参数。
第 1 个参数为: 例 6-10.py
第 2 个参数为: a
第 3 个参数为: b
第 4 个参数为: c
```

3. 退出应用程序

使用函数 sys.exit()可以退出应用程序，语法格式如下。

```
sys.exit(n)
```

n=0 时，程序无错误退出；n=1 时，程序有错误退出。

【例 6-11】 使用函数 sys.exit()示例。

```
import sys
if len(sys.argv)<2:
    print("请使用命令行参数")
    sys.exit(1)
for i in range(0, len(sys.argv)):
    print("第", i+1, "个参数为:", sys.argv[i])
```

如果命令行参数的数量小于 2，则程序提示"请使用命令行参数"后退出。

4. 字符编码

在计算机中，字母、各种控制符号、图形符号等都是以二进制编码的方式存入计算机并进行处理的。这种对字母和符号进行编码的二进制代码被称为字符编码。常用的字符编码为美国信息交换标准代码（American Standard Code for Information Interchange，ASCII）。ASCII 使用 7 个或 8 个二进制位进行编码，最多可以表示 256 个字符，包括字母、数字、标点符号、控制符号及其他符号。

在编写程序时需要考虑字符编码，否则可能会出现乱码的情况。例如，出现类似"бЇ Я А з Ъ С Я"或"◆????????"等字符。

可以使用函数 sys.getdefaultencoding()来获取系统的字符编码。

【例 6-12】 获取系统的字符编码。

```
import sys
print(sys.getdefaultencoding())
```

在 Windows 10 操作系统中，例 6-12 中程序的运行结果如下。

```
utf-8
```

5. 搜索模块路径

当使用 import 语句导入模块时，Python 会自动搜索模块文件。使用 sys.path 可以获取 Python 搜索模块的路径。

【例 6-13】 获取 Python 搜索模块的路径。

```
import sys
print(sys.path)
```

本书编者的操作环境是 Windows 10 和 Python 3.5.3，例 6-13 中程序的运行结果如下。

```
['C:\\Users\\Administrator\\Desktop',
'C:\\Users\\Administrator\\AppData\\Local\\Programs\\Python\\Python35-32\\python35.zip',
'C:\\Users\\Administrator\\AppData\\Local\\Programs\\Python\\Python35-32\\DLLs',
'C:\\Users\\Administrator\\AppData\\Local\\Programs\\Python\\Python35-32\\lib',
'C:\\Users\\Administrator\\AppData\\Local\\Programs\\Python\\Python35-32',
'C:\\Users\\Administrator\\AppData\\Local\\Programs\\Python\\Python35-32\\lib\\
site-packages']
```

sys.path 实际上是个列表，其中第 1 个元素是当前程序所在的目录。如果希望 Python 到指定的目录搜索模块文件，则可以向 sys.path 添加指定的目录，方法如下。

```
sys.path.append(指定的目录)
```

6.1.4 platform 模块

platform 模块用于获取操作系统的详细信息以及与 Python 有关的信息。

1. 获取操作系统的名称及版本号

使用函数 platform.platform()可以获取操作系统的名称及版本号信息。

【例 6-14】 获取当前操作系统的名称及版本号。

```
import platform
print(platform.platform())
```

在 Windows 10 操作系统中运行上述程序的结果如下。

```
Windows-10-10.0.19041-SP0
```

2. 获取操作系统的类型

使用函数 platform.system()可以获取操作系统的类型。

【例 6-15】 获取当前操作系统的类型。

```
import platform
print(platform.system())
```

在 Windows 10 操作系统中运行上述程序的结果如下。

```
Windows
```

3. 获取操作系统的版本信息

使用函数 platform.version() 可以获取操作系统的版本信息。

【例 6-16】 获取当前操作系统的版本信息。

```
import platform
print(platform.version())
```

在 Windows 10 操作系统中运行上述程序的结果如下。

```
10.0.19041
```

4. 获取计算机的类型信息

使用函数 platform.machine() 可以获取计算机的类型信息。

【例 6-17】 获取当前计算机的类型信息。

```
import platform
print(platform.machine())
```

在本书编者的计算机上运行上述程序的结果如下。

```
AMD64
```

5. 获取计算机的网络名称

使用函数 platform.node() 可以获取计算机的网络名称。

【例 6-18】 获取当前计算机的网络名称。

```
import platform
print(platform.node())
```

在本书编者的计算机上运行上述程序的结果如下。

```
SK-20240607QHAX
```

6. 获取计算机的处理器信息

使用函数 platform.processor() 可以获取计算机的处理器信息。

【例 6-19】 获取当前计算机的处理器信息。

```
import platform
print(platform.processor())
```

在本书编者的计算机上运行上述程序的结果如下。

```
Intel64 Family 6 Model 140 Stepping 1, GenuineIntel
```

7. 获取计算机的综合信息

使用函数 platform.uname() 可以获取计算机的上述所有综合信息。

【例 6-20】 获取当前计算机的综合信息。

```
import platform
print(platform.uname())
```

在本书编者的计算机上运行上述程序的结果如下。

```
uname_result(system='Windows', node='SK-20240607QHAX', release='10', version=
'10.0.19041', machine='AMD64', processor='Intel64 Family 6 Model 140 Stepping 1, GenuineIntel')
```

8. 获取 Python 的版本信息

使用函数 platform.python_build() 可以获取 Python 完整版本的信息，包括 Python 的主版本、编译版本号和编译时间等信息。

【例 6-21】 获取 Python 的版本信息。

```
import platform
print(platform.python_build())
```

在本书编者的计算机上运行上述程序的结果如下。

```
('v3.5.3:1880cb95a742', 'Jan 16 2017 15:51:26')
```

可以看到，Python 的版本为 3.5.3，编译版本号为 1880cb95a742，编译时间为 2017 年 1 月 16 日 15:51:26。

调用函数 platform.python_version() 可以获取 Python 的主版本信息。调用 platform.python_version_tuple() 函数可以以元组格式返回 Python 的主版本信息。

【例 6-22】　获取 Python 的主版本信息。

```
import platform
print(platform.python_version())
print(platform.python_version_tuple())
```

在本书编者的计算机上运行上述程序的结果如下。

```
3.5.3
('3', '5', '3')
```

使用函数 platform.python_revision() 可以获取 Python 修订版本的信息。

修订版本就是版本库的一个快照（也就是每次修改的备份），当版本库不断扩大时，必须为每个修订版本定义修订版本号，用来识别这些快照。

【例 6-23】　获取 Python 修订版本的信息。

```
import platform
print(platform.python_revision())
```

在本书编者的计算机上运行上述程序的结果如下。

```
1880cb95a742
```

9.　获取 Python 解释器信息

使用函数 platform.python_compiler() 可以获取 Python 解释器信息。

【例 6-24】　获取 Python 解释器信息。

```
import platform
print(platform.python_compiler())
```

在本书编者的计算机上运行上述程序的结果如下。

```
MSC v.1900 32 bit (Intel)
```

6.1.5　time 模块

time 模块也是 Python 标准库中常用的模块，time 模块可以提供各种操作时间的函数。

1.　时间的表示方式

计算机可以使用时间戳、struct_time 元组等方式来表示时间。

UNIX 时间戳（UNIX timestamp），也可以称为 UNIX 时间（UNIX time）、POSIX 时间（POSIX time），是一种时间表示方式，被定义为从格林尼治时间 1970 年 01 月 01 日 00 时 00 分 00 秒（北京时间 1970 年 01 月 01 日 08 时 00 分 00 秒）起至当前的总秒数。UNIX 时间戳不仅被使用在 UNIX 操作系统、类 UNIX 操作系统中（如 Linux 系统），还被广泛应用在其他操作系统中。

struct_time 元组包含以下 9 个元素。

- year，4 位的年份，如 2024。
- month，月份，1～12 的整数。
- day，日期，1～31 的整数。
- hours，小时，0～23 的整数。
- minutes，分钟，0～59 的整数。

- seconds，秒，0～59 的整数。
- weekday，星期，0～6 的整数，星期一为 0。
- Julian day，一年有几天，1～366 的整数。
- DST，表示是否为夏令时。如果 DST=0，则给定的时间属于标准时区；如果 DST=1，则给定的时间属于夏令时时区。

2. 获取当前时间

使用函数 time.time() 可以获取当前时间的时间戳。

【例 6-25】 使用函数 time.time() 示例。

```
import time
print(time.time())
```

运行结果如下。

```
1734493068.717153
```

可以看到，时间戳只是一个大的浮点数，很难根据其看懂具体的时间。

3. 将一个时间戳转换成一个当前时区的 struct_time

使用函数 time.localtime() 可以将一个时间戳转换成一个当前时区的 struct_time。

【例 6-26】 使用函数 time.localtime() 示例。

```
import time
print(time.localtime(time.time()))
```

运行结果如下。

```
time.struct_time(tm_year=2024, tm_mon=12, tm_mday=18, tm_hour=11, tm_min=39, tm_sec=39,
tm_wday=2, tm_yday=353, tm_isdst=0)
```

虽然从运行结果可以看出当前的时间，但是其表示形式与人们日常的习惯是不同的。

4. 格式化输出 struct_time 时间

使用函数 time.strftime () 可以按照指定的格式输出 struct_time 时间，语法格式如下。

```
time.strftime(格式字符串, struct_time 时间)
```

格式字符串中可以使用的日期和时间符号如下。

- %y，2 位数的年份表示（00～99）。
- %Y，4 位数的年份表示（0000～9999）。
- %m，月份（01～12）。
- %d，月内中的一天（01～31）。
- %H，24 小时制小时数（0～23）。
- %I，12 小时制小时数（01～12）。
- %M，分钟数（00～59）。
- %S，秒（00～59）。
- %a，本地简化的星期名称。
- %A，本地完整的星期名称。
- %b，本地简化的月份名称。
- %B，本地完整的月份名称。
- %c，本地相应的日期表示和时间表示。
- %j，年内的一天（001～366）。

- %p，本地 A.M.或 P.M.。
- %U，一年中的星期数（00～53），星期天为星期的开始。
- %w，星期（0～6），星期天为星期的开始。
- %W，一年中的星期数（00～53），星期一为星期的开始。
- %x，本地相应的日期表示。
- %X，本地相应的时间表示。
- %Z，当前时区的名称。
- %%，%号本身。

【例 6-27】　使用函数 time.strftime()示例。

```
import time
print(time.strftime('%Y-%m-%d',time.localtime(time.time())))
```

运行结果如下。

```
2024-12-18
```

5. 直接获取当前时间的字符串

使用函数 time.ctime()可以获取当前时间的字符串。

【例 6-28】　使用函数 time.ctime()示例。

```
import time
print(time.ctime())
```

运行结果如下。

```
Wed Dec 18 12:16:50 2024
```

6.2　创建和导入自定义模块

Python 自定义模块是指由 Python 用户自己创建并定义的模块。本节介绍创建和导入自定义模块的基本方法。

6.2.1　创建自定义模块

用户可以把函数组织到模块中，这样在其他程序中也可以引用模块中的函数。这样做可以使程序具有良好的结构，增加代码的重用性。

模块文件是一个.py 文件，其中包含函数的定义。

【例 6-29】　创建一个模块 mymodule（模块文件为 mymodule.py），其中包含两个函数 PrintString() 和 sum()。

```
#输出字符串
def PrintString(str):
    print(str)
#求和
def sum(num1, num2):
    print(num1 + num2)
```

在一个应用程序中可以定义多个模块，通常使用易读且容易理解的名称来标识它们。

6.2.2　导入自定义模块

前面已经介绍过使用 import 语句导入模块的方法。导入自定义模块的方法与导入 Python 标准库中模块的方法相同。

【**例 6-30**】 假定例 6-29 的模块文件 mymodule.py 与例 6-30.py 在相同的目录下，引用其中包含的函数 PrintString() 和 sum()。

```
import mymodule                          #导入 mymodule 模块
mymodule.PrintString("Hello Python")     #调用 mymodule 模块中的函数 PrintString()
mymodule.sum(1,2)                        #调用 mymodule 模块中的函数 sum()
```

运行结果如下。

```
Hello Python
3
```

6.3　第三方模块

Python 的第三方模块是指那些不由 Python 官方开发，而是由社区成员、开源项目、商业公司或其他开发者为扩展 Python 的功能而创建的软件包。这些模块提供了 Python 标准库中没有的功能，以帮助用户更高效地解决特定的问题或满足特定的需求。本节将介绍一些常用的第三方模块的使用方法。

6.3.1　第三方模块的基本使用方法

在进行 Python 程序开发时，除可以使用 Python 内置的标准模块外，还有很多第三方模块可以使用。这些第三方模块可以在 Python 官方网站中进行下载。

下载并安装第三方模块后，就可以像使用标准模块一样导入并使用第三方模块了。

下载和使用第三方模块时，可以使用 Python 提供的 pip 命令来实现。针对 Windows 操作系统，按 "Win+R" 组合键，在弹出的 "运行" 对话框中输入 "cmd"，再单击 "确定" 按钮，进入命令模式。进入命令模式后，输入以下命令。

```
pip install 模块名
```

或者输入以下命令。

```
pip3 install 模块名
```

通过上述步骤，就可以在命令行界面中完成安装 Python 的第三方模块的操作。

如果要删除已安装完成的第三方模块，则只需要把命令行中的 "install" 替换为 "uninstall" 即可。

6.3.2　jieba 库的使用

jieba 库是 Python 中一个重要的第三方中文分词函数库。jieba 库支持以下 3 种分词模式。

- 精确模式：将句子最精确地切开，适合文本分析。
- 全模式：将句子中所有可以成词的词语都扫描出来，速度非常快，但是不能消除歧义。
- 搜索引擎模式：在精确模式的基础上，对长词再次切分，提高召回率，适用于搜索引擎分词。

jieba 库中的常用函数如表 6-3 所示。

表 6-3　jieba 库中的常用函数

函数原型	具体说明
jieba.cut(s)	精确模式，返回一个可迭代的数据类型。参数 s 为要进行分词的原始字符串
jieba.cut(s, cut_all=True)	全模式，输出文本 s 中所有可能的单词。参数 s 为要进行分词的原始字符串
jieba.cut_for_search(s)	搜索引擎模式，适合搜索引擎建立索引的分词结果。参数 s 为要进行分词的原始字符串

函数原型	具体说明
jieba.lcut(s)	精确模式，返回一个列表类型，建议使用。参数 s 为要进行分词的原始字符串
jieba.lcut(s, cut_all=True)	全模式，返回一个列表类型，建议使用。参数 s 为要进行分词的原始字符串
jieba.lcut_for_search(s)	搜索引擎模式，返回一个列表类型，建议使用。参数 s 为要进行分词的原始字符串

【例 6-31】 分别采用精确模式、全模式和搜索引擎模式对词语"这个平台售卖的商品质量好且价格优惠"进行分词。

精确模式实现分词功能的代码如下。

```
import jieba
print(jieba.lcut("这个平台售卖的商品质量好且价格优惠"))
```

运行结果如下。

['这个', '平台', '售卖', '的', '商品质量', '好且', '价格', '优惠']

全模式实现分词功能的代码如下。

```
import jieba
print(jieba.lcut("这个平台售卖的商品质量好且价格优惠", cut_all = True))
```

运行结果如下。

['这个', '平台', '售卖', '的', '商品', '商品质量', '品质', '质量', '好', '且', '价格', '优惠']

搜索引擎模式实现分词功能的代码如下。

```
import jieba
print(jieba.lcut_for_search("这个平台售卖的商品质量好且价格优惠"))
```

运行结果如下。

['这个', '平台', '售卖', '的', '商品', '品质', '质量', '商品质量', '好且', '价格', '优惠']

6.3.3 turtle 库的使用

turtle 库是 Python 中一个流行的绘制图像的第三方函数库。使用 turtle 库时，需要有如下的形象化描述。

• 想象一只小海龟在一个横轴为 x、纵轴为 y 的平面坐标系中，最初位于原点(0,0)的位置。

• 它根据一组函数指令的控制，在这个平面坐标系中移动，从而在它爬行的路径上绘制了图形。

turtle 绘图坐标系如图 6-1 所示，图的中间(0,0)坐标处为小海龟，小海龟的头朝向前进方向。

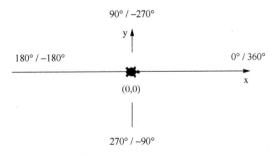

图 6-1 turtle 绘图坐标系

turtle 库中的常用函数如表 6-4 所示。

93

表 6-4　turtle 库中的常用函数

函数原型	具体说明
turtle.setup(width, height, startx, starty)	设置主窗体的大小和位置。参数 width 和 height 分别表示启动窗口的宽度与高度。参数 startx 和 starty 表示窗口启动时，窗口左上角在屏幕中的坐标位置（窗口左上角的 x 坐标和 y 坐标）
turtle.penup()	抬起画笔，之后移动画笔不绘制形状。与函数 turtle.pendown() 是一组
turtle.pendown()	落下画笔，之后移动画笔将绘制形状。与函数 turtle.penup() 是一组
turtle.pensize(width)	设置画笔的宽度。参数 width 是设置的画笔线条的宽度，如果为 None 或为空，则函数返回当前画笔的宽度
turtle.pencolor(colorstring)	设置画笔的颜色，无参数时返回当前画笔的颜色。函数参数有两种形式：①turtle.pencolor(colorstring)，colorstring 是表示颜色的字符串，如"red""blue"等；②turtle.pencolor((r,g,b))，(r,g,b) 表示颜色对应的 RGB 数值，如(51,204,140)等
turtle.fd(distance)	向小海龟当前行进方向前进 distance 距离。参数 distance 为行进距离的像素值，当值为负数时，表示向相反方向前进
turtle.forward(distance)	向小海龟当前行进方向前进 distance 距离。参数 distance 为行进距离的像素值，当值为负数时，表示向相反方向前进
turtle.backward(distance)	向小海龟当前行进的相反方向前进 distance 距离。参数 distance 为行进距离的像素值，当值为负数时，表示向相反方向前进
turtle.seth(to_angle)	通过设置绝对角度值来改变画笔的行进方向。参数 to_angle 为角度的整数值。turtle 库的角度坐标体系如图 6-2 所示
turtle.circle(radius, extent = None)	根据半径 radius 绘制 extent 角度的一条弧线。参数 radius 为圆的半径，当 radius 值为正数时，圆心在当前位置的左侧；当 radius 值为负数时，圆心在当前位置的右侧。参数 extent 为可选参数，表示绘制的弧线角度（圆心角），当无该参数或参数为 None 时，绘制整个圆形（相当于 360°）；当 extent 值为正数时，顺着小海龟当前方向绘制弧线；当 extent 值为负数时，向小海龟当前方向的相反方向绘制弧线。函数 turtle.circle() 的绘图模式如图 6-3 所示
turtle.goto(x, y)	让处于任何位置的小海龟移动到某一个坐标的位置。参数 x 和 y 表示坐标位置
turtle.left(angle)	控制小海龟向左旋转指定的角度。参数 angle 是旋转的角度值
turtle.right(angle)	控制小海龟向右旋转指定的角度。参数 angle 是旋转的角度值

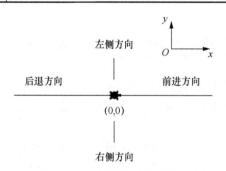

图 6-2　turtle 库的角度坐标体系

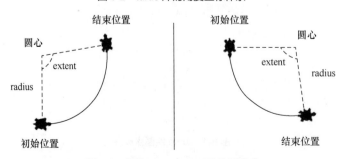

图 6-3　函数 turtle.circle() 的绘图模式

【例 6-32】　绘制图 6-4 所示的蟒蛇。要求：程序启动一个 1300 像素宽、800 像素高的窗口，该窗口的左上角是屏幕的左上角。

图 6-4　例 6-32 的效果图

```python
import turtle  #引入 turtle 库（绘制图像的函数库）
def drawSnake(rad,angle,len,neckrad):
    for i in range(len):              #循环 5 次，绘制 5 段蟒蛇身体
        turtle.circle(rad,angle)  #以 40 像素为半径，绘制 80° 圆心角的弧线
        '''
        沿着一个圆形轨迹爬行
        第 1 个参数 rad 指定圆形半径的估计位置
        第 2 个参数 angle 表示沿着圆形爬行的弧线角度（圆心角）
        '''
        turtle.circle(-rad,angle) #以反向 40 像素为半径，绘制 80° 圆心角的弧线
    turtle.circle(rad,angle/2)    #以 40 像素为半径，绘制（80/2）° 圆心角的弧线作为脖子
    turtle.fd(rad)                #向前绘制 40 像素的直线，表示向前直线爬行，作为脖子的直线部分
    turtle.circle(neckrad+1,180)  #蛇头转向，弧线角度（圆心角）180° 表示绘制半圆
    turtle.fd(rad*2/3)
def main():
    turtle.setup(1300,800,0,0)
    '''
    调用 turtle 库中的函数 setup()
    启动一个图形窗口，4 个参数：窗口的宽度、高度以及窗口左上角在屏幕上的位置（x、y 坐标）
    '''
    pythonsize = 30
    turtle.pensize(pythonsize)    #运行轨迹的宽度
    turtle.pencolor("blue")       #运行轨迹的颜色
    turtle.seth(-40)              #启动时的运行方向
    drawSnake(40,80,5,pythonsize/2)
main()
```

6.3.4　requests 库的使用

使用 Python 来实现网络爬虫和信息提交非常简单，代码行数较少，且用户无须知道网络通信等方面的知识。然而，随意爬取网络数据并不是文明现象，通过程序自动提交内容争取竞争性资源也不公平，这些都有可能引发法律纠纷。

网络爬虫一般涉及两个步骤：①通过网络连接获取网页内容；②对获得的网页内容进行处理。这两个步骤分别使用不同的函数库来实现，即 requests 库和 beautifulsoup4 库。本小节主要介绍 requests 库的使用方法。

requests 库是一个简洁易用的 HTTP 请求处理第三方库，支持丰富的网络访问功能，包括国际域名和 URL 获取、保持 HTTP 长连接与连接缓存、会话和 Cookie 持久化、浏览器式 SSL 验证、基础摘要认证、键值对 Cookie 管理、自动解压缩与内容解码、分块文件上传、HTTPS 代理支持、连接超时控制、流式数据下载等。

requests 库中的网页请求函数 get() 是获取网页常用的方法，其语法格式如下。

```
get(url[,timeout = n])
```

函数 get()的参数 url 为网页的 URL 地址，链接采用 HTTP 或 HTTPS 方式访问；参数 timeout 为可选参数，用于设置每次请求的超时时间，单位为 s（秒）。

在调用函数 requests.get()后，返回的网页内容会保存为一个 Response 对象。和浏览器的交互过程一样，调用函数 requests.get()代表请求过程，它返回的 Response 对象代表响应。返回内容作为一个对象更便于操作，Response 对象的属性需要采用<a>.<b>形式使用。

Response 对象的属性如下。

● status_code 属性返回 HTTP 请求的响应状态码，在进行数据处理前应当检查该状态码，若请求失败（如未收到响应），则应当终止后续内容处理流程。

● text 属性是请求的网页内容，以字符串形式展示。

● encoding 属性非常重要，它给出了返回网页内容的编码方式，用户可以通过对 encoding 属性赋值来更改编码方式，以便处理中文字符。

● content 属性是网页内容的二进制形式。

【例 6-33】 获取一个网页内容。

```
import requests
url = "http://www.*****.com"
r = requests.get(url,timeout = 30)
r.encoding = "utf-8"
print(r.text)
```

习题

一、选择题

1. （　　）模块是 Python 标准库中常用的模块，通过它可以获取命令行参数，从而实现从程序外部向程序传递参数的功能；通过它也可以查询程序路径和当前的操作系统等信息。

    A. sys   B. platform   C. math   D. time

2. （　　）可以返回 x 的整数部分。

    A. math.ceil(x)   B. math.fabs(x)

    C. math.pow(x,y)   D. math.trunc(x)

3. 下列选项中，（　　）函数用来控制画笔的尺寸。

    A. penup()   B. pencolor()   C. pensize()   D. pendown()

4. 下列关于 turtle 库的描述中，正确的是（　　）。

    A. turtle 库中的向前移动函数 forward()也可以简写成函数 fd()

    B. turtle 库中的函数 circle()只能画一个完整的圆，不能画弧

    C. 使用函数 goto()将海龟移动到另外一个位置的过程中，一定不会在屏幕上留下痕迹

    D. turtle 库中的 left()和 lt()是两个功能不同的函数

5. 在默认情况下，坐标(0,0)表示绘制区域的（　　），也就是海龟初始出现的位置。

    A. 左下角   B. 右上角   C. 左上角   D. 中心

6. 语句 turtle.circle(-90,90)的运行结果是（　　）。

    A. 绘制一个圆心在(-90,90)的圆

    B. 绘制一条半径为 90 像素的弧线，圆心在小海龟行进方向的左侧

C. 绘制一条半径为 90 像素的弧线，圆心在小海龟行进方向的右侧

D. 绘制一个半径为 90 像素的圆，圆心在小海龟当前的位置上

7. 运行语句 turtle.color('#FF0000','#0000FF')设置小海龟的颜色，得到的结果是（　　）。

A. 轮廓颜色是蓝色，填充颜色是绿色　　B. 轮廓颜色是蓝色，填充颜色是红色

C. 轮廓颜色是红色，填充颜色是蓝色　　D. 轮廓颜色是红色，填充颜色是黄色

二、编程题

1. 编写程序，实现以下功能：生成一个包含 20 个随机整数（0～100）的列表，将前 10 个元素升序排列，将后 10 个元素降序排列，并输出结果。

2. 编写程序，实现以下功能：生成一个包含 50 个随机整数（0～10）的列表，并统计每个元素出现的次数。要求：最终结果使用集合表示。

3. 编写程序，实现以下功能：生成一个包含 50 个随机整数（0～100）的列表，再删除其中的所有奇数。要求：从后向前删除。

4. 编写程序，实现以下功能：生成一个包含 20 个随机整数（0～100）的列表，再对其中偶数下标的元素进行降序排列，奇数下标的元素不变。提示：使用切片。

5. 编写程序，实现以下功能：生成一个包含 20 个随机整数的列表，要求所有元素都不相同，且每个元素的值介于 1～100 之间。

6. 编写函数，其功能如下：接收一个正偶数（如 60）为参数，输出两个素数，且这两个素数之和等于原来的正偶数。如果存在多组符合条件的素数，则全部输出。

7. 输入一首诗的文本，其中包含中文逗号和句号。①使用 jieba 库的精确模式对输入的文本进行分词，将分词后的词语输出并使用"/"进行分隔，统计中文词语数并输出；②使用逗号和句号将输入的文本分隔成单句并输出，每句一行，每行 20 个字符宽，居中对齐。在①和②的输出之间，增加一个空行。

8. 使用 turtle 库中的函数 turtle.right()和函数 turtle.fd()绘制一个菱形，边长为 200 像素，4 个内角的度数分别为 60°、60°、120°、120°，效果如图 6-5 所示。

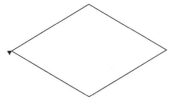

图 6-5　第 8 题的效果图

07 第 7 章　函数式编程

函数式编程是一种范式。本章首先对函数式编程的基本概念进行介绍，然后介绍 Python 是如何实现函数式编程的。

7.1　函数式编程概述

面向对象是目前流行的编程思想，在面向对象思想产生之前，函数式编程是主流的编程思想。本节介绍函数式编程的概念和优势。

7.1.1　函数式编程的概念

函数式编程是一种编程的基本风格，也就是构建程序的结构和元素的方式。函数式编程将计算过程看作数学函数，也就是可以使用表达式编程。在函数的代码中，函数的返回值只依赖传入函数的参数，因此，使用相同的参数调用函数两次，会得到相同的结果。

下面介绍几个与函数式编程有关的概念。

1. 头等函数

Python 中的头等函数是指函数在 Python 中被视为"一等对象"，这意味着函数可以像其他数据类型（如整数、字符串）一样被操作。具体来说，头等函数具有以下特性。

（1）作为参数传递：头等函数可以作为参数传递给其他函数。例如，在 Python 中，可以将一个头等函数作为参数传递给另一个函数，实现回调机制。

（2）作为返回值使用：头等函数可以作为另一个函数的返回值。这种特性在闭包和装饰器模式中尤为重要，允许动态生成和返回函数。

（3）赋给变量：可以直接将头等函数赋给变量，再通过这个变量来调用该头等函数。

（4）存储在数据结构中：头等函数可以存储在列表、字典等数据结构中，以便管理和调用。

如果一种编程语言把函数视为头等函数（First-Class Function），则可以称其拥有头等函数。拥有头等函数的编程语言可以将头等函数作为其他函数的参数，也可以将头等函数作为其他函数的返回值，还可以把头等函数赋给变量或存储在元组、列表、字典、集合等数据结构中。有的编程语言还支持匿名函数。

在支持头等函数的编程语言中，函数名没有任何特殊的状态，函数被看作 function 类型。

2. 高阶函数

高阶函数（Higher-order Function）是头等函数的一种实践，它是可以将其他函数作为参数或返回结果的函数。例如，定义一个高阶函数 map()，它有两个参数，一个是函数 func()，另一个是列表 list。高阶函数 map() 对列表 list 中的所有元素应用函数 func()，并将处理结果组成一个列表 list1，最后将列表 list1 作为自己的返回结果。

3. 纯函数

Python 的纯函数是指在给定相同的输入时，始终返回相同的输出，并且不对外部状态产生任何副作用的函数。纯函数的输出仅依赖于其输入参数，而不依赖于函数外部的任何状态或变量。

纯函数具有以下特性。

（1）纯函数与外界交换数据时，只有唯一渠道——参数和返回值。

（2）纯函数不操作全局变量，没有状态、无 I/O 操作，不改变传入的任何参数的值。理想情况下，程序不会给它传入任何外部数据。

（3）用户可以很容易地把一个纯函数移植到一个新的运行环境中，只需修改类型定义即可。

（4）纯函数具有引用透明性（Referential Transparency）。也就是说，对于同一个输入值，它一定会产生相同的输出值，而与在什么时候、在什么情况下执行该函数无关。

7.1.2　函数式编程的优缺点

1. 优点

（1）便于进行单元测试

单元测试是指对软件中的最小可测试单元进行检查和验证。函数正是最小可测试单元的一种。

（2）便于调试

如果一个函数式编程在运行时没有达到预期的效果，用户可以很容易地对其进行调试。因为在函数式编程中使用相同的参数调用函数两次，会得到相同的结果。bug 将很容易重现，这有利于用户找到造成 bug 的原因。

（3）适合并行执行

并行通常指程序的不同部分可以同时运行而不互相干扰。程序并行执行的最大问题是可能造成死锁。死锁是指两个或两个以上的进程（线程）在执行过程中，因争夺资源而造成的一种互相等待的现象，如果没有外力作用，它们将无法推进下去。

在函数式编程中，没有任何数据会被同一线程修改两次，更不用说两个不同的线程了。因此，并行执行时，不会出现死锁的情况。

函数式编程还有一些优点，这里就不一一介绍了。

2. 缺点

（1）性能开销大

递归深度有限且效率低，不可变数据结构导致频繁创建新对象，这些会增加内存和计算负担，影响性能。

（2）可读性差、调试困难

高阶函数、匿名函数和复杂表达式嵌套的使用，使代码难以理解和调试，降低了可维护性。

（3）生态和工具支持不足

Python 库和工具主要支持面向对象编程，对函数式编程的支持有限，且社区更倾向于传统编程风格，这些限制了函数式编程的应用。

尽管存在上述缺点，但函数式编程在 Python 中仍有其用武之地，特别是在需要编写清晰、简洁且易于测试的代码时。用户可以通过合理使用工具和库，以及通过优化数据结构和算法选择，来克服上述缺点。

7.2 Python 函数式编程常用的函数

本节介绍 Python 函数式编程中的几个常用函数，带领读者体验函数式编程的风格。

7.2.1 lambda 表达式

1. lambda 函数

lambda 函数是一种匿名函数，得名于数学中的 λ 演算。λ 演算可以用来定义可计算函数。

Python 中 lambda 函数的函数体只能有唯一的一条语句，也就是返回值表达式语句。其语法格式如下。

```
函数名 = lambda 参数列表: 返回值表达式语句
```

例如，下列的 lambda 函数可以计算 x、y 和 z 3 个参数的和。

```
sum = lambda x,y,z:x+y+z
```

可以使用 "sum(x,y,z)" 调用上述 lambda 函数。

【例 7-1】 使用 lambda 函数示例。

```
sum = lambda x,y,z:x+y+z
print(sum(1,2,3))
```

运行结果如下。

```
6
```

例 7-1 中的 lambda 函数相当于下列函数。

```
def sum(x,y,z):
    return x+y+z
```

2. lambda 表达式序列

可以将 lambda 表达式作为序列（如列表、元组或字典等）元素，从而实现跳转表的功能，也就是函数的列表。lambda 表达式序列的语法格式如下。

```
序列 = [(lambda 表达式1),(lambda 表达式2),…]
```

调用序列中 lambda 表达式的语法格式如下。

```
序列[索引](lambda 表达式的参数列表)
```

【例 7-2】 定义一个 lambda 表达式序列，其中第 1 个元素用于计算参数的平方，第 2 个元素用于计算参数的 3 次方，第 3 个元素用于计算参数的 4 次方。

```
Arr=[(lambdax:x**2),(lambda x:x**3),(lambda x:x**4)]
print(Arr[0](2),Arr[1](2),Arr[2](2))
```

程序分别计算并输出 2 的平方、3 次方和 4 次方。运行结果如下。

```
4 8 16
```

3. 将 lambda 表达式作为函数的返回值

可以在普通函数中返回 lambda 表达式。

【**例 7-3**】　定义一个函数 math()。当参数 o=1 时，函数 math() 返回计算加法的 lambda 表达式；当参数 o=2 时，函数 math() 返回计算减法的 lambda 表达式；当参数 o=3 时，函数 math() 返回计算乘法的 lambda 表达式；当参数 o=4 时，函数 math() 返回计算除法的 lambda 表达式。

```
def math(o):
    if(o==1):
        return lambda x,y:x+y
    if(o==2):
        return lambda x,y:x-y
    if(o==3):
        return lambda x,y:x*y
    if(o==4):
        return lambda x,y:x/y
action=math(1)          #返回计算加法的 lambda 表达式
print("10+2=",action(10,2))
action=math(2)          #返回计算减法的 lambda 表达式
print("10-2=",action(10,2))
action=math(3)          #返回计算乘法的 lambda 表达式
print("10*2=",action(10,2))
action=math(4)          #返回计算除法的 lambda 表达式
print("10/2=",action(10,2))
```

程序调用函数 math() 分别计算 10+2、10-2、10*2 和 10/2，运行结果如下。

```
10+2=12
10-2=8
10*2=20
10/2=5.0
```

7.2.2　函数 map()

函数 map() 可将指定序列中的所有元素作为参数来调用指定函数，并将结果构成一个新的序列返回。函数 map() 的语法格式如下。

```
结果序列 = map(映射函数,序列 1[,序列 2,…])
```

在函数 map() 的参数中，可以有多个序列，这取决于映射函数的参数数量。序列 1、序列 2 等序列中的元素会按顺序作为映射函数的参数，映射函数的返回值将作为函数 map() 的返回序列的元素。

【**例 7-4**】　使用函数 map() 依次计算 2、4、6、8、10 的平方。

```
arr=map(lambda x:x**2,[2,4,6,8,10])
for e in enumerate(arr):
    print(e)
```

在例 7-4 中，映射函数是一个 lambda 表达式，用于计算参数的平方。因为映射函数只有一个参数，所以函数 map() 中只有一个序列参数。函数 map() 对序列参数应用 lambda 表达式，并将计算结果作为序列返回。最后，程序输出返回的元素。运行结果如下。

```
(0,4)
(1,16)
(2,36)
(3,64)
(4,100)
```

【例 7-5】　在函数 map() 中对两个序列进行处理。

```
arr=map(lambda x,y:x+y,[1,3,5,7,9],[2,4,6,8,10])
for e in enumerate(arr):
    print(e)
```

在例 7-5 中，映射函数是一个有两个参数的 lambda 表达式，用于计算参数之和。因为映射函数有两个参数，所以函数 map() 中有两个序列参数。函数 map() 对两个序列参数中对应位置的元素应用 lambda 表达式，并将计算结果作为序列返回。最后，程序输出返回的元素。运行结果如下。

```
(0,3)
(1,7)
(2,11)
(3,15)
(4,19)
```

7.2.3　函数 filter()

函数 filter() 可以对指定序列执行过滤操作，语法格式如下。

```
filter(函数,序列)
```

函数接收一个参数，返回布尔值 True 或 False。序列可以是列表、元组或字符串。

函数 filter() 对序列中的每个元素调用函数，仅保留使函数返回值为 True 的元素，最终将这些元素作为结果返回。

【例 7-6】　使用函数 filter() 示例。

```
def is_even(x):
    return x%2==0
arr=filter(is_even,[1,2,3,4,5,6,7,8,9,10])
for e in enumerate(arr):
    print(e)
```

例 7-6 中定义了一个函数 is_even()，如果指定参数 x 为偶数，则该函数返回 True；否则返回 False。函数 filter() 以函数 is_even() 和一个包含整数 1～10 的数组作为参数，从 1～10 的整数中筛选出所有的偶数。运行结果如下。

```
(0,2)
(1,4)
(2,6)
(3,8)
(4,10)
```

7.2.4　函数 reduce()

函数 reduce() 用于将指定序列中的所有元素作为参数，并按一定的规则调用指定函数。函数 reduce() 的语法格式如下。

```
计算结果=reduce(映射函数,序列)
```

映射函数必须有两个参数。函数 reduce() 首先以序列的第 1 个和第 2 个元素作为参数调用映射函数，然后将返回结果与序列的第 3 个元素作为参数调用映射函数。以此类推，直至应用到序列的最后一个元素，并将计算结果作为函数 reduce() 的返回结果。

在 Python 3.0 及之后的版本中，函数 reduce()不再被集成到 Python 内置函数中，用户需要使用下列语句引用 functools 模块后再调用。

```
from functools import reduce
```

【例 7-7】 使用函数 reduce()计算 2、4、6、8、10 的和。

```
from functools import reduce
def myadd(x,y):
    return x+y
sum=reduce(myadd,(2,4,6,8,10))
print(sum)
```

运行结果如下。

```
30
```

例 7-7 中的映射函数是 myadd()，用于计算两个参数的和。程序的运行过程如下。

（1）函数 reduce()使用 2 和 4 作为参数调用函数 myadd()，得到结果 6。

（2）函数 reduce()使用结果 6 和序列中的第 3 个元素 6 作为参数调用函数 myadd()，得到结果 12。

（3）函数 reduce()使用结果 12 和序列中的第 4 个元素 8 作为参数调用函数 myadd()，得到结果 20。

（4）函数 reduce()使用结果 20 和序列中的第 5 个元素 10 作为参数调用函数 myadd()，得到结果 30。

7.2.5 函数 zip()

函数 zip()使用一系列列表作为参数，将列表中对应的元素打包成一个个元组，并返回由这些元组组成的列表。

【例 7-8】 使用函数 zip()示例。

```
a=[1,2,3]
b=[4,5,6]
zipped=zip(a,b)
for element in zipped:
    print(element)
```

程序使用函数 zip()将列表 a 和列表 b 中对应位置的元素打包成元组，并将这些元组组成的列表返回给 zipped。运行结果如下。

```
(1,4)
(2,5)
(3,6)
```

如果传入参数的长度不一致，则返回列表的长度和参数中长度最短的列表相同。

【例 7-9】 使用函数 zip()时传入参数的长度不一致示例。

```
a=[1,2,3]
b=[4,5,6,7,8,9]
zipped = zip(a,b)
for element in zipped:
    print(element)
```

与例 7-8 相比，虽然例 7-9 的列表 b 中多了 3 个元素，但是在调用函数 zip()时是以列表 a（长度最短的列表）的长度为基准进行压缩的。其运行结果与例 7-8 相同。

在打包结果前面加上操作符*，并以此作为参数调用函数 zip()，就可以将打包结果进行解压。

【例 7-10】 使用函数 zip()将打包结果解压示例。

```
a=[1,2,3]
b=[4,5,6]
```

```
zipped=zip(a,b)
unzipped=zip(*zipped)
for element in unzipped:
    print(element)
```

程序使用函数 zip() 将列表 a 和列表 b 中对应位置的元素打包成元组，并将这些元组组成的列表返回给 zipped。运行结果如下。

```
(1,2,3)
(4,5,6)
```

运行结果正是列表 a 和列表 b 的内容。

7.2.6　普通编程方式与函数式编程的对比

本小节通过具体实例来比较普通编程方式与函数式编程的区别，从而方便读者直观地理解函数式编程的特点。

【例 7-11】　以普通编程方式计算列表元素中的正数之和。

```
list=[2,-6,11,-7,8,15,-14,-1,10,-13,18]
sum=0
for i in range(len(list)):
    if list[i]>0:
        sum+=list[i]
print(sum)
```

运行结果如下。

```
64
```

【例 7-12】　以函数式编程方式实现例 7-11 的功能。

```
from functools import reduce
list=[2,-6,11,-7,8,15,-14,-1,10,-13,18]
sum=filter(lambda x:x>0,list)
s=reduce(lambda x,y:x+y,sum)
print(s)
```

在第 3 行代码中，lambda x: x>0 定义了一个匿名函数，当 x>0 时，其返回 True；否则返回 False。函数 filter() 用于筛选列表 list 中的正数到列表 sum 中。在第 4 行代码中，使用函数 reduce() 对列表 sum 中的元素进行累加。

相比而言，函数式编程具有以下几个特点。

（1）代码更简单。

（2）数据、操作、返回值都放在一起。

（3）不包含循环结构，极少使用临时变量，因而无须追踪程序执行过程中数据状态的逐行变化。

（4）代码用来描述要做什么，而不是怎么去做。

7.3　闭包函数

在 Python 中，闭包函数指函数的嵌套。用户可以在函数内部定义一个嵌套函数，将嵌套函数视为一个对象，作为定义它的函数的返回结果。

【例 7-13】　使用闭包函数示例。

```
def func_lib():
    def add(x,y):
```

```
        return x+y
    return add        #返回函数对象
fadd=func_lib()
print(fadd(1,2))
```

函数 func_lib()中定义了一个嵌套函数 add()，并将其作为函数 func_lib()的返回值。
运行结果如下。

```
3
```

在 Python 中，还有一个和闭包函数对应的递归函数的概念，递归函数的相关内容在 5.5.1 小节
已经讲解过了，这里不再赘述。

7.4 迭代器和生成器

迭代器和生成器也是 Python 函数式编程的重要工具。

7.4.1 迭代器

迭代器是访问序列内元素的一种方式。迭代器对象从序列（列表、元组、字典、集合）的
第 1 个元素开始访问，直到所有的元素都被访问一遍后结束。迭代器不能回退，只能往前进行
迭代。

1. 函数 iter()

使用函数 iter()可以获取序列的迭代器对象，语法格式如下。

```
迭代器对象=iter(序列对象)
```

使用函数 next()可以获取迭代器的下一个元素，语法格式如下。

```
next(迭代器对象)
```

【例 7-14】 使用函数 iter()示例。

```
list=[111,222,333]
it=iter(list)
print(next(it))
print(next(it))
print(next(it))
```

运行结果如下。

```
111
222
333
```

2. 函数 enumerate()

使用函数 enumerate()可以将列表或元组转换成一个有序号的序列。

【例 7-15】 使用函数 enumerate()示例。

```
list=[111,222,333]
for index,val in enumerate(list):
    print("第%d 个元素是%s"%(index+1,val))
```

运行结果如下。

```
第 1 个元素是 111
第 2 个元素是 222
第 3 个元素是 333
```

7.4.2 生成器

生成器（Generator）是一个特殊的函数，它具有以下特点。

（1）生成器包含一个 yield 语句，且在执行到 yield 语句时返回。

（2）生成器能够记住上一次 yield 语句执行时参数的位置，当再次调用生成器时，程序将从该位置继续执行，且所有局部变量保持与上次调用时相同的状态。

【例 7-16】 使用生成器示例。

```
def addlist(alist):
    for i in alist:
        yield i + 1
alist = [1, 2, 3, 4]
for x in addlist(alist):
    print(x)
```

addlist()是一个生成器，它会遍历列表参数 alist 中的每一个元素，将其加 1，并使用 yield 语句返回。

程序遍历并输出生成器 addlist()的所有返回值。程序每次调用生成器 addlist()时，都会从上次返回时列表参数 alist 所处的位置继续遍历列表参数 alist。运行结果如下。

```
2
3
4
5
```

生成器的返回值有一个__next__()函数，它可以恢复生成器执行，直到下一个 yield 语句处。

【例 7-17】 使用__next__()函数实现例 7-16 的功能。

```
def addlist(alist):
    for i in alist:
        yield i + 1
alist = [1, 2, 3, 4]
x = addlist(alist)
x = x.__next__()
print(x)
```

习题

一、选择题

1. （　　）是一种匿名函数，得名于数学中的 λ 演算。λ 演算可以用来定义可计算函数。

    A. lambda 函数　　　B. 函数 map()　　　　C. 函数 filter()　　　D. 函数 zip()

2. （　　）用于将指定序列中的所有元素作为参数来调用指定函数，并将结果构成一个新的序列返回。

    A. lambda 表达式　　　　　　　　　B. 函数 map()

    C. 函数 filter()　　　　　　　　　　D. 函数 zip()

3. （　　）使用一系列列表作为参数，并将列表中对应的元素打包成一个个元组，然后返回由这些元组组成的列表。

    A. lambda 表达式　　　　　　　　　B. 函数 map()

    C. 函数 filter()　　　　　　　　　　D. 函数 zip()

4.（　　　）是指直接或间接调用函数本身的函数。

    A．递归函数　　　　　B．闭包函数　　　　　C．lambda 函数　　　D．匿名函数

二、编程题

1．利用函数 map()，把用户输入的不规范的英文名称，改为首字母大写、其他字母小写的规范英文名称。例如，输入['adam', 'LISA', 'barT']时，输出为['Adam', 'Lisa', 'Bart']。

2．Python 提供的函数 sum()可以接收一个列表并求其所有元素的和。请编写一个函数 prod()，其功能是接收一个列表并利用函数 reduce()求列表中所有元素之积。

第8章　面向对象程序设计

面向对象编程是 Python 采用的基本编程思想，它可以将属性和代码集成在一起，定义为类，从而使程序设计更加简单、规范、有条理。本章将介绍在 Python 中实现面向对象编程的基本方法。

8.1　面向对象程序设计基础

本节首先介绍面向对象程序设计的基本思想，以及面向对象程序设计的一些常用概念。

8.1.1　面向对象程序设计思想概述

在传统的程序设计中，通常使用数据类型对变量进行分类。不同数据类型的变量拥有不同的属性，如整型变量用于保存整数，字符串变量用于保存字符串。数据类型实现了对变量的简单分类，但并不能完整地描述事物。

在日常生活中，要描述一个事物，既要说明它的属性，又要说明它所能进行的操作。例如，如果将人看作一个事物，他的属性包括姓名、性别、生日、身高、体重等，他能完成的动作包括吃饭、行走、说话等。将人的属性和能够完成的动作结合在一起，就可以完整地描述人的所有特征了，如图 8-1 所示。

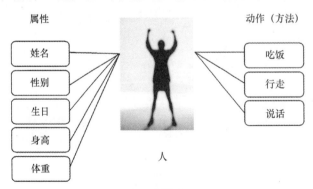

图 8-1　人的属性和方法

在面向对象程序设计中，将事物的属性和方法都包含在类中，而对象则是类的一个实例。如果将人定义为类，那么某个具体的人就是一个对象。不同的对象拥有不同的属性值。

Python 全面支持面向对象程序设计，从而使应用程序的结构更加清晰。

8.1.2　面向对象程序设计的基本概念

本小节介绍面向对象程序设计的一些基本概念。

① 对象（Object）：面向对象程序设计可以将一组数据和与这组数据有关的操作组装在一起，形成一个实体，这个实体就是对象。

② 类（Class）：具有相同或相似性质的对象的抽象就是类。因此，对象的抽象是类，类的具体化就是对象。例如，如果人类是一个类，则一个具体的人就是一个对象。

③ 封装：将数据和操作捆绑在一起，定义一个新类的过程就是封装。

④ 继承：类之间的关系。在这种关系中，一个类共享了一个或多个其他类定义的结构和行为。继承描述了类之间的关系。子类可以对基类的行为进行扩展、覆盖、重定义。如果人类是一个类，则可以定义一个子类"男人"。子类"男人"可以继承人类的属性（如姓名、身高、年龄等）和方法（即动作，如吃饭和走路等），从而在其内部就无须重复定义了。从同一个类中继承得到的子类也具有多态性，即相同的函数名在不同子类中有不同的实现。就如同子女会从父母那里继承到人类共有的特性，而子女也具有自己的特性。

⑤ 方法：方法也称成员函数，是指对象上的操作，作为类声明的一部分来定义。方法定义了对一个对象可以执行的操作。

⑥ 构造函数：构造函数是一种成员函数，用于在创建对象时初始化对象。

⑦ 析构函数：析构函数与构造函数相反，当对象脱离其作用域时（如对象所在的函数已调用完毕），系统自动执行析构函数。析构函数往往用来做"清理善后"的工作。

8.1.3　函数与方法的区别

本书前面内容中介绍的函数，其实是一段代码，通过名称来进行调用。函数能对传递进来的一些数据（参数）进行处理，之后返回一些数据（返回值）。函数也可以没有返回值。

本章提到的方法也是一段代码，也是通过名称来进行调用的，但它跟一个对象或类相关联。

在 Python 中，函数和方法既有共性又有区别。

（1）定义位置

函数定义在模块级别，即它们不属于任何类。它们可以在任何地方被调用，只要它们在当前的作用域内或已经被导入。方法定义在类内部，属于类。

（2）调用方式

函数通过函数名直接调用。方法需要通过类的实例或类本身来调用：实例方法必须通过类的实例调用；静态方法可以通过类直接调用（需要使用@staticmethod 装饰器定义），这类方法与类本身没有特殊的绑定关系。

（3）作用域

函数作用域的生命周期从函数调用开始，到函数执行完毕返回时结束。函数执行期间被分配的内存空间会在函数执行完毕返回后自动释放，因此函数内部对变量的任何修改都不会保留。方法通过类实例进行调用，其被分配的内存空间在调用结束后不会自动释放，故方法中对实例变量的修改会被持久保存。

（4）访问权限

函数没有特定的访问权限。然而，用户可以通过模块级别的设计来模拟某种访问控制。例如，用户可以将某些函数放在模块的内部，并通过模块提供的公共接口来限制对这些函数的访问。在类中，方法可以有不同的访问权限。Python 使用下画线前缀来约定方法的访问权限：单下画线（_）表示受保护的（Protected）方法，双下画线（__）表示私有的（Private）方法。需要注意的是，函数定义时没有类似方法的隐含 self 参数这种默认参数机制。在定义函数时，需要明确指定所有的参数。方法被作为实例方法调用时，方法的第 1 个参数（通常命名为 self）会自动绑定到调用该方法的实例上。这使方法能够访问和修改实例的状态（即实例的属性）。

（5）继承性

函数不具备继承性。类的方法在继承时会被子类自动继承，除非子类中明确重写了父类的同名方法。

（6）用途

函数通常用于执行不依赖于特定对象状态的通用任务。方法通常用于执行与特定对象状态相关的任务。

综上所述，虽然函数和方法在 Python 中有很多相似之处，但它们在定义、调用、作用域、访问权限等方面存在明显的差异。理解这些差异有助于更好地组织代码并提高编程效率。

8.2 定义和使用类

类是面向对象程序设计思想的基础，在类中可以定义对象的属性（变量）和方法（函数）。

8.2.1 声明类

在 Python 中，可以使用 class 关键字来声明一个类，语法格式如下。

```
class 类名:
        成员变量
        成员函数
```

同样，Python 使用缩进来标识类的定义代码。

【例 8-1】 定义一个类 Person。

```
class Person:
    def SayHello(self):
        print("Hello!")
```

类 Person 中定义了一个成员函数 SayHello()，用于输出字符串"Hello!"。

1. self

可以看到，在例 8-1 中，成员函数 SayHello()中有一个参数 self。这也是类的成员函数（方法）与普通函数的主要区别。类的成员函数必须有一个参数 self，而且位于参数列表的开头。self 就代表类的实例（对象）自身，可以使用 self 来引用类的属性和成员函数。

2. 定义类的对象

对象是类的实例。只有定义了具体的对象，才能使用类。

在 Python 中，创建对象的语法格式如下。

```
对象名 = 类名()
```

例如，下列代码定义了一个类 Person 的对象 p。

```
p = Person()
```

对象 p 实际上相当于一个变量，可以使用它来访问类的成员变量和成员函数。

【**例 8-2**】　定义和使用对象示例。

```
class Person:
    def SayHello(self):
        print("Hello!")
p = Person()
p.SayHello()
```

程序定义了类 Person 的一个对象 p，并使用它来调用类 Person 的成员函数 SayHello()。运行结果如下。

```
Hello!
```

3. 成员变量

在类定义中，可以定义成员变量并同时为其赋初值。

【**例 8-3**】　定义一个类 MyString，并定义一个成员变量 str，同时为其赋初值。

```
class MyString:
    str = "MyString"
    def output(self):
        print(self.str)
s = MyString()
s.output()
```

可以看到，在类的成员函数中使用 self 引用成员变量。注意，Python 使用下画线作为前缀和后缀来指定特殊变量，规则如下。

- __xxx__ 表示系统预定义的特殊方法或属性。
- __xxx 表示类中的私有变量或方法。

类的成员变量可以分为两种情况，一种是公有变量，另一种是私有变量。公有变量可以在类的外部访问，它是类与用户之间交流的接口。用户可以通过公有变量向类中传递数据，也可以通过公有变量获取类中的数据。在类的外部无法访问私有变量，从而保证类的设计思想和内部结构并不完全对外公开。在 Python 中，除__xxx 格式的成员变量外，其他的成员变量都是公有变量。

4. 构造函数

构造函数是类的一个特殊函数，它拥有一个固定的名称，即__init__（注意，函数名以两个下画线开头并以两个下画线结束）。当创建类的对象时，系统会自动调用构造函数，通过构造函数对类进行初始化操作。

【**例 8-4**】　在 MyString 类中使用构造函数。

```
class MyString:
    def __init__(self):
        self.str = "MyString"
    def output(self):
        print(self.str)
s = MyString()
s.output()
```

在构造函数中，程序对公有变量 str 设置了初值。在构造函数中可以使用参数，通常参数来设置成员变量（特别是私有变量）的值。

【例 8-5】 在类 UserInfo 中使用带参数的构造函数。

```
class UserInfo:
    def __init__(self, name, pwd):
        self.username = name
        self._pwd = pwd
    def output(self):
        print("用户: " + self.username + "\n密码: " + self._pwd)
u = UserInfo("admin", "123456")
u.output()
```

类 UserInfo 中定义了一个公有变量 username 和一个私有变量 _pwd，并在构造函数中对成员变量赋初值。成员函数 output()用于输出类 UserInfo 的成员变量的值。运行结果如下。

```
用户: admin
密码: 123456
```

5. 析构函数

Python 中的析构函数有一个固定的名称，即 __del__。通常在析构函数中释放类所占用的资源。使用 del 语句可以删除一个对象，并释放它所占用的资源。

【例 8-6】 使用析构函数示例。

```
class MyString:
    def __init__(self):         #构造函数
        self.str = "MyString"
    def __del__(self):          #析构函数
        print("byebye～")
    def output(self):
        print(self.str)
s = MyString()
s.output()
del s                           #删除对象
```

在例 8-6 中，析构函数只是简单地输出了字符串 "byebye～"。运行结果如下。

```
MyString
byebye～
```

8.2.2　静态变量

在类中可以定义静态变量，与普通的成员变量不同，静态变量与具体的对象没有关系，而是只属于定义它们的类。

Python 不需要显式定义静态变量，任何公有变量都可以作为静态变量使用。访问静态变量的语法格式如下。

```
类名.变量名
```

虽然可以通过实例访问类的静态变量，但通过类名访问和通过实例名访问的是同一个静态变量，且彼此不会相互干扰。

【例 8-7】 定义一个类 Users，使用静态变量 online_count 记录当前在线的用户数量。

```
class Users:
    online_count = 0
    def __init__(self):         #构造函数，创建对象时，Users.online_count 加 1
        Users.online_count += 1
    def __del__(self):          #析构函数，释放对象时，Users.online_count 减 1
```

```
                Users.online_count -= 1
a = Users()                    #创建 Users 对象
a.online_count += 1
print(Users.online_count)
```

在构造函数中，使用"Users.online_count += 1"语句将计数器加 1；在析构函数中，使用"Users.online_count -= 1"语句将计数器减 1。因为静态变量 online_count 并不属于任何对象，所以在对象 a 被释放后，online_count 中的值仍然存在。

程序首先创建一个 Users 对象 a，此时会执行一次构造函数，因此 Users.online_count 的值为 1；然后程序执行"a.online_count += 1"，使用对象调用 online_count，此时不会影响静态变量 Users.online_count 的值。因此，最后输出 Users.online_count 的值时，结果为 1。

8.2.3　静态方法的使用

与静态变量相同，静态方法只属于定义它的类，而不属于任何一个具体的对象。静态方法具有以下特点。

（1）静态方法无须传入 self 参数，因此，在静态方法中无法访问实例变量。

（2）在静态方法中，不可以直接访问类的静态变量，但可以通过类名来引用静态变量。

因为静态方法既无法访问实例变量，又不能直接访问类的静态变量，所以静态方法与定义它的类没有直接关系，而是起到了类似函数工具库的作用。

可以使用@staticmethod 装饰器定义静态方法，语法格式如下。

```
class 类名:
    @staticmethod
    def 静态方法名():
        方法体
```

可以通过对象名调用静态方法，也可以通过类名调用静态方法，而且这两种方法没有什么区别。

【例 8-8】　静态方法的使用示例。

```
class MyClass:              #定义类
    var1 = 'String 1'
    @staticmethod          #静态方法
    def staticmd():
        print("我是静态方法")
MyClass.staticmd()
c=MyClass()
c.staticmd()
```

程序定义了一个类 MyClass，其中包含一个静态方法 staticmd()。在 staticmd()中输出"我是静态方法"。

程序分别使用类和对象来调用静态方法 staticmd()，运行结果如下。

```
我是静态方法
我是静态方法
```

8.2.4　类方法的使用

类方法是 Python 中的一个新概念。类方法具有以下特性。

（1）与静态方法一样，类方法可以使用类名来调用。

（2）与静态方法一样，类成员方法也无法访问实例变量，但可以访问类的静态变量。

（3）类方法需要传入代表本类的 cls 参数。

可以使用@classmethod 装饰器定义类方法，语法格式如下。

```
class 类名:
    @classmethod
    def 类方法名(cls):
        方法体
```

可以通过对象名调用类方法，也可以通过类调用类方法，而且这两种方法没有什么区别。类方法有一个参数 cls，代表定义类方法的类，可以通过 cls 访问类的静态变量。

【例 8-9】 类方法使用示例。

```
class MyClass:              #定义类
    val1 = 'String 1'
    def __init__(self):
        self.val2 = 'Value 2'
    @classmethod            #类方法
    def classmd(cls):
        print(cls.val1)  #通过参数 cls 访问类的静态变量
MyClass.classmd()
c = MyClass()
c.classmd()
```

程序定义了一个类 MyClass，其中包含一个类方法 classmd()。程序通过 classmd()输出静态变量 cls.val1 的值。

程序分别使用类和对象来调用类方法 classmd()，运行结果如下。

```
String 1
String 1
```

8.2.5 对象类型判断

使用函数 isinstance()可以检测一个给定的对象是否属于（继承于）某个类或类型，如果是，则该函数返回 True；否则返回 False。其语法格式如下。

```
isinstance(对象名, 类名或类型名)
```

【例 8-10】 函数 isinstance()使用示例。

```
class MyClass:              #定义类
    val1 = 'String 1'
    def __init__(self):
        self.val2 = 'Value 2'
c = MyClass()
print(isinstance(c, MyClass))
l = [1, 2, 3, 4]
print(isinstance(l, list))
```

运行结果如下。

```
True
True
```

8.3　类的继承和多态

继承和多态是面向对象程序设计思想的重要机制。本节将介绍 Python 中的继承和多态机制。

8.3.1　继承

通过继承机制，一个类可以很方便地继承其他类的成果。假设有一个设计完成的类 A，可以从其派生出一个类 B，类 B 拥有类 A 的所有属性和函数，这个过程叫作继承。类 A 被称为类 B 的父类。

可以在定义类时指定其父类。例如，存在一个类 A，其定义代码如下。

```
class A:
    def__init__(self, property):      #构造函数
    self.propertyA = property         #类A的成员变量
    def functionA():                  #类A的成员函数
```

从类 A 派生出一个类 B，其定义代码如下。

```
class B (A):
    propertyB                         #类B的成员变量
    def functionB():                  #类B的成员函数
```

在类 B 中可以访问类 A 中的成员变量和成员函数，示例如下。

```
objB = B()                            #定义一个类B的对象objB
print(objB.propertyA)                 #访问类A的成员变量
objB.functionA()                      #访问类A的成员函数
```

因为类 B 是从类 A 派生出来的，所以它继承了类 A 的属性和方法。

【例 8-11】　类继承示例。

```
import time
class Users:
        username =""
        def __init__(self, uname):
                self.username = uname
                print('(构造函数:'+self.username+')')
        #显示用户名
        def dispUserName(self):
                print(self.username)


class UserLogin(Users):
    def __init__(self, uname, lastLoginTime):
        Users.__init__(self, uname) #调用父类Users的构造函数
        self.lastLoginTime = lastLoginTime
    def dispLoginTime(self):
        print("登录时间为: " + self.lastLoginTime)
#获取当前时间
now = time.strftime('%Y-%m-%d %H:%M:%S', time.localtime(time.time()))
#声明3个对象
myUser_1 = UserLogin('admin', now)
myUser_2 = UserLogin('lee', now)
myUser_3 = UserLogin('zhang', now)
#分别调用父类和子类的函数
```

```
myUser_1.dispUserName()
myUser_1.dispLoginTime()
myUser_2.dispUserName()
myUser_2.dispLoginTime()
myUser_3.dispUserName()
myUser_3.dispLoginTime()
```

在上述程序中，首先定义了一个类 Users，用于保存用户的基本信息。类 Users 包含一个成员变量 username 和一个成员函数 dispUserName()。成员函数 dispUserName()用于显示成员变量 username 的内容。

类 UserLogin 是类 Users 的子类，它包含一个成员变量 lastLoginTime，用于保存用户最后一次登录的时间。类 UserLogin 还包含一个成员函数 dispLoginTime()，用于显示成员变量 lastLoginTime 的内容。

在两个类的定义代码后面，程序声明了 3 个 UserLogin 对象，并分别使用这 3 个对象调用类 Users 的成员函数 dispUserName()和类 UserLogin 的成员函数 dispLoginTime()函数。运行结果如下。

```
(构造函数:admin)
(构造函数:lee)
(构造函数:zhang)
admin
 登录时间为: 2025-01-30 14:18:53
lee
 登录时间为: 2025-01-30 14:18:53
zhang
 登录时间为: 2025-01-30 14:18:53
```

8.3.2 抽象类和多态

使用面向对象程序设计思想可以通过对类的继承来实现应用程序的层次化设计。类的继承关系呈现为树状，从一个根类中可以派生出多个子类，而子类还可以派生出其他子类，以此类推。每个子类都可以从父类中继承成员变量和成员函数，实际上相当于继承了一套程序设计框架。

Python 可以实现抽象类的概念。抽象类是包含抽象方法的类，而抽象方法不包含任何具体实现的代码，抽象方法必须在抽象类的非抽象子类中被重写并实现具体逻辑。例如，在绘制各种图形时，可以指定绘图使用的颜色（Color 变量），还需要指定一个绘制动作（Draw()方法）。而在绘制不同图形时，还需要指定一些特殊的属性，如在画线时需要指定起点和终点的坐标，在画圆时需要指定圆心和半径等。可以定义一个抽象类 Shape，其包含所有绘图类的 Color 变量和 Draw()方法；分别定义画线类 MyLine 和画圆类 MyCircle，具体实现 Draw()方法。

1. 定义抽象类

Python 通过类库 abc 来实现抽象类，因此，在定义抽象类之前需要从类库 abc 中导入 ABCMeta 类和 abstractmethod 类。

语法格式如下。

```
from abc import ABCMeta, abstractmethod
```

ABCMeta 类是抽象基类的元类。元类是指创建类的类。在定义抽象类时只需在类定义中增加以下代码，即指定该类的元类是 ABCMeta 类。

示例如下。

```
__metaclass__ = ABCMeta
class myabc(object):
    __metaclass__ = ABCMeta
    ...
```

在抽象类中可以定义抽象方法。定义抽象方法时，需要在前面加上下列代码。

```
@abstractmethod
```

因为抽象方法不包含任何实现的代码，所以其函数体通常使用 pass。例如，在抽象类 myabc 中定义一个抽象方法 abcmethod()，代码如下。

```
class myabc(object):
    __metaclass__ = ABCMeta
  @abstractmethod
  def abcmethod(self):
      pass
```

2. 实现抽象类

可以从抽象类派生出子类，方法与普通类的派生和继承一样，可以参照 4.3.1 小节理解，这里不再赘述。

3. 多态

多态是指抽象类中定义的一个方法可以在其子类中重新实现，而不同子类中的实现方法不相同。

【例 8-12】　下面通过一个实例来演示抽象类和多态。

首先，创建一个抽象类 Shape，它定义了一个画图类的基本框架，代码如下。

```
class Shape(object):
    __metaclass__ = ABCMeta
  def __init__(self):
    self.color = 'black'                    #默认使用黑色
@abstractmethod
  def draw(self):pass
```

例如，创建类 Shape 的子类 circle，代码如下。

```
class circle (Shape):
    def __init__(self, x, y, r):             #定义圆心坐标和半径
      self.x = x
      self.y = y
      self.r = r
    def draw(self):
      print("Draw Circle: (%d, %d, %d)" %(self.x, self.y, self.r))
```

然后，从类 Shape 中派生出画直线的类 line，代码如下。

```
class line (Shape):
    def __init__(self, x1, y1, x2, y2):      #定义起、止坐标值
      self.x1 = x1
      self.y1 = y1
      self.x2 = x2
      self.y2 = y2
    def draw(self):
      print("Draw Line: (%d, %d, %d, %d)" %(self.x1, self.y1, self.x2, self.y2))
```

可以看到，在不同的子类中，抽象方法 draw() 有不同的实现，这就是类的多态。

定义一个类 circle 的对象 c，并调用方法 draw()，代码如下。

```
c = circle(10, 10, 5)
c.draw()
```

定义一个类 line 的对象 1，并调用方法 draw()，代码如下。

```
l = line(10, 10, 20, 20)
l.draw()
```

运行结果如下：

```
Draw Circle: (10, 10, 5)
Draw Line: (10, 10, 20, 20)
```

因为抽象类的子类都实现抽象类中定义的抽象方法，所以可以把同一抽象类的各种子类对象定义成一个列表，再遍历列表，调用抽象方法。

【例 8-13】 先将例 8-12 中类 circle 和类 line 的对象定义成一个列表 list，然后通过遍历列表 list，调用抽象方法。类 Shape 及其子类 circle 和 line 的定义与例 8-12 中相同。定义对象列表和遍历列表调用抽象方法的代码如下。

```
c = circle(10, 10, 5)
l = line(10, 10, 20, 20)
list = []
list.append(c)
list.append(l)
for i in range(len(list)):
    list[i].draw()
```

运行结果如下。

```
Draw Circle: (10, 10, 5)
Draw Line: (10, 10, 20, 20)
```

8.4 复制对象

与普通变量一样，对象也可以通过赋值和参数传递等方式进行复制。

8.4.1 通过赋值复制对象

通过赋值复制对象的语法格式如下。

```
新对象名 = 原有对象名
```

【例 8-14】 在例 8-13 的基础上，定义一个类 circle 的对象 mycircle，为其设置成员变量的值，再将对象 mycircle 赋值给新的对象 newcircle。

```
mycircle = circle(20, 20, 5)
# 复制对象
newcircle = mycircle
newcircle.draw()
```

使用对象 newcircle 调用方法 draw()，运行结果如下。

```
Draw Circle: (20, 20, 5)
```

可见，对象 newcircle 和对象 mycircle 的内容完全相同。

8.4.2 通过参数传递复制对象

可以在函数参数中使用对象，从而实现对象的复制。

【例 8-15】　在例 8-13 的基础上，定义一个函数 drawCircle()。

```
def drawCircle(c):
    if isinstance(c, circle):
        c.draw()
```

由于在参数列表中并没有指定参数 c 的数据类型，为了防止在调用方法 draw() 时出现错误，程序中使用函数 isinstance() 判断来变量 c 是否为类 circle 的实例。如果是，则调用方法 c.draw()。

执行下列代码。

```
c1 = circle(100, 100, 15)
drawCircle(c1)
```

运行结果如下。

```
Draw Circle: (100, 100, 15)
```

可以看到，对象 c1 的内容已经被传递到参数 c 中。

可以在参数列表中使用抽象类的对象，它可以接收所有从抽象类派生出的子类的对象。这样就不需要为每个子类都定义一个对应的函数了。

【例 8-16】　定义一个函数 drawShape()。

```
def drawShape(s):
    if isinstance(s, Shape):
        s.draw()
```

需要使用类 Shape 的子类对象作为参数调用 drawShape() 函数。因为类 Shape 是抽象类，所以它的方法 draw() 没有具体的实现代码。如果以对象 circle 或对象 line 作为参数，则可以执行方法 circle->draw() 或方法 line->draw()。具体代码如下。

```
#画圆
c1 = circle(100, 100, 15)
drawShape(c1)
#画直线
l = line(10, 10, 20, 20)
drawShape(l)
```

运行结果如下。

```
Draw Circle: (100, 100, 15)
Draw Line: (10, 10, 20, 20)
```

可以看到，对象 c1 和对象 l 的内容都可以传递到参数 s 中。

习题

一、选择题

1. 构造函数是类的一个特殊函数，在 Python 中，构造函数的名称为（　　）。

    A. 与类同名　　　　B. __construct　　　C. __init__　　　　D. init

2. 在 Python 中，定义私有变量的方法是（　　）。

    A. 使用 private 关键字　　　　　　　　B. 使用 public 关键字

    C. 使用__xxx__定义变量名　　　　　　D. 使用__xxx 定义变量名

3. 在下列选项中，类的声明不合法的是（　　）。

    A. class Flower: pass　　　　　　　　　B. class 中国人: pass

    C. class SuperStar(): pass　　　　　　　D. class A, B: pass

4. 下列有关初始化方法__init__()的描述中，正确的是（　　　）。

   A. 所有的类都必须定义一个初始化方法

   B. 初始化方法必须有返回值

   C. 初始化方法中必须对类的非静态属性进行赋值

   D. 初始化方法中可以对类的属性进行赋值

5. 在类的定义中，除了方法__init__()用于进行实例化操作，程序员还可以定义其他的方法，用来表示该类的对象所具备的各种功能。方法定义中的第 1 个参数 self 在程序中指代的是（　　　）。

   A. 程序本身　　　　　B. 对象本身　　　　　C. 类本身　　　　　D. 方法本身

6. 下列程序的运行结果是（　　　）。

```
class A:
    def __init__(self,x):
        self.__x = x
    def printX(self):
        print(self.__x)
a = A(100)
a.x = 200
a.printX()
```

   A. 100　　　　　　　B. 200　　　　　　　C. 300　　　　　　　D. 程序出错

7. 下列程序的运行结果是（　　　）。

```
class A:
    def __init__(self,x):
        self.__x = x
    def printX(self):
        print(self.__x)
a = A(100)
a.x = 200
print(a.x)
```

   A. 100　　　　　　　B. 200　　　　　　　C. 300　　　　　　　D. 程序出错

二、编程题

1. 编写程序，完成以下要求：定义一个 Student 类，其包含私有属性姓名、年龄、语文成绩、数学成绩、英语成绩（其中，各科目成绩的数据类型为整数），且包含下列方法的定义。

（1）获取学生的姓名：get_name()。

（2）获取学生的年龄：get_age()。

（3）返回 3 门科目中最高的分数：get_maxScore()。

（4）返回 3 门科目的总成绩：get_totalScore()。

完成类的定义后，在主程序中声明 1 个学生对象，示例如下。

```
stu = Student('小明',20,69,88,92)
```

计算并输出该学生各科目成绩的最高分和总成绩。输出样例如下。

小明同学各科成绩的最高分是 92 分，总成绩是 249 分。

2. 编写程序，完成以下要求：定义 HighSchoolStudent（高中生）类，其继承第 1 题中的 Student 类，且增加化学成绩、物理成绩、生物成绩、历史成绩、政治成绩 5 个私有属性，以及下列两个方法。

（1）返回 8 门课程平均分的方法：get_average()。

（2）返回 8 门课程中最高分的方法：get_ maxScore()。

完成类的定义后，在主程序中声明 1 个学生对象，示例如下。

```
stu = HighShcoolStudent('小王',20,69,88,92,95,75,89,93,100)
```

计算并输出该学生各科目成绩的平均分（保留 2 位小数）和最高分。输出样例如下。

```
小王同学各科成绩的平均分是 87.625 分，最高分是 100 分。
```

第9章　文件与目录操作

　　文件操作是 Python 的基本功能。本章将介绍如何应用 Python 自带的函数进行基本的文件操作和目录操作。

9.1　文件操作

　　文件系统是操作系统的重要组成部分，它用于明确磁盘或分区上文件的组织形式和保存方法。文件是保存数据的重要途径之一，用户经常需要创建文件保存数据，或从文件中读取数据。本节介绍在 Python 中读写文件的方法。

9.1.1　打开文件

　　在读写文件之前，需要打开文件。调用 open()函数就可以打开指定文件，语法格式如下。

```
文件对象 = open(文件名,访问模式,buffering)
```

　　参数文件名用于指定要打开的文件，通常需要包含路径，可以是绝对路径（文件真实的存放位置），也可以是相对路径（相对于当前位置的路径）。参数访问模式用于指定打开文件的模式，其可取值如表 9-1 所示。

表 9-1　参数访问模式的可取值

可取值	含义
'r'	以只读方式打开（默认的打开方式）
'w'	以覆盖写方式打开，此时文件内容会被清空。如果文件不存在，则会创建新文件
'a'	以追加写的模式打开，从文件末尾开始，如果文件不存在，则会创建新文件
'r+'	以读写模式打开（文件必须存在）
'w+'	以读写模式打开（会创建/覆盖文件）
'a+'	以追加的读写模式打开
'rb'	以二进制读模式打开
'wb'	以二进制写模式打开
'ab'	以二进制追加模式打开
'rb+'	以二进制读写模式打开（文件必须存在）
'wb+'	以二进制读写模式打开（会创建/清空文件）
'ab+'	以二进制读写模式打开（会创建/追加文件）

参数 buffering 是一个可选的参数，用于表示缓冲区的策略选择。当其被设置为 0 时，表示不使用缓冲区，直接读写，仅在二进制模式下有效。当其被设置为 1 时，表示在文本模式下使用行缓冲区方式。当其被设置为大于 1 时，表示使用固定大小缓冲区。如果参数 buffering 没有给出，则会采用下面的策略来选择。

（1）对于二进制模式，采用固定块内存缓冲区策略。缓冲区的大小根据系统设备分配的磁盘块来决定，如果获取系统磁盘块的大小失败，则使用内部常量 io.DEFAULT_BUFFER_SIZE 定义的大小。在一般的操作系统中，磁盘块的大小是 4096B 或 8192B。

（2）对于交互的文本文件（采用 isatty()判断为 True），采用一行缓冲区的方式。其他文本文件使用与二进制模式一样的策略。

在 Python 中，也可以使用 file()函数打开文件，file()函数和 open()函数的用法完全相同。

打开文件只是访问文件的准备工作，open()函数的具体使用方法将结合读写文件的示例一起介绍。

9.1.2 关闭文件

打开文件后，可以对文件进行读写操作。操作完成后，应调用 close()函数关闭文件，释放文件资源。语法格式如下。

```
f = open(文件名,访问模式,buffering)
使用对象 f 进行读写操作…
f.close()
```

9.1.3 读取文件内容

Python 提供了一组与读取文件内容有关的函数。

1. read()函数

可以使用 read()函数来读取文件内容，语法格式如下。

```
str = f.read([b])
```

相关说明如下。

- f：通过 open()函数打开的文件对象。
- b：可选参数，指定读取的字符数。如果不指定，则读取全部内容。
- 读取的内容返回到字符串 str 中。

【例 9-1】　使用 read()函数读取文件内容。在本例同目录下创建一个 test.txt 文件，编辑其内容如下。

```
Hello Python
使用 read()函数读取文件内容的例子
```

读取文件内容的代码如下。

```
f = open("test.txt")          #打开文件，返回一个文件对象
str = f.read()                #调用 read()函数读取文件内容
f.close()                     #关闭文件
print(str)
```

【例 9-2】　使用 read()函数读取文件内容。每次读取 10 个字符。读取的文件是例 9-1 中创建的 test.txt 文件。

读取文件内容的代码如下。

```
f = open("test.txt")          #打开文件，返回一个文件对象
while True:                    #循环读取
    chunk = f.read(10)        #每次读取 10 个字符到 chunk
    if not chunk:             #如果没有读取到内容，则退出循环
        break
    print(chunk)              #输出 chunk
f.close()                     #关闭文件
```

运行结果如下。

```
Hello Pyth
on
使用 read(
)函数读取文件内容的
例子
```

输出的每一行就是每次调用 read()函数读取的内容。

2. readlines()函数

可以使用 readlines()函数来读取文件中的所有行，语法格式如下。

```
list = f.readlines()
```

相关说明如下。

- f：读取内容的文件对象。
- 读取的内容返回到字符串列表 list 中。

【例 9-3】 使用 readlines()函数读取文件内容。读取的文件是例 9-1 中创建的 test.txt 文件。读取文件内容的代码如下。

```
f = open("test.txt")          #打开文件，返回一个文件对象
list = f.readlines()          #调用 readlines()函数读取文件内容
f.close()                     #关闭文件
print(list)
```

运行结果如下。

```
['Hello Python\n', '使用 read()函数读取文件内容的例子\n']
```

3. readline()函数

可以使用 readlines()函数来一次性读取文件中的所有行，如果文件很大，则会占用大量的内存空间，读取的过程也会较长。使用 readline()函数可以逐行读取文件的内容，语法格式如下。

```
str = f.readline()
```

相关说明如下。

- f：读取内容的文件对象。
- 读取的内容返回到字符串 str 中。

【例 9-4】 使用 readline()函数读取文件内容。读取的文件是例 9-1 中创建的 test.txt 文件。读取文件内容的代码如下。

```
f = open("test.txt")          #打开文件，返回一个文件对象
while True:                    #循环读取
    chunk = f.readline()      #每次读取一行
    if not chunk:             #如果没有读取到内容，则退出循环
        break
```

```
        print(chunk)                        #输出 chunk
    f.close()                               #关闭文件
```

运行结果如下。

```
Hello Python
```

使用 read() 函数读取文件内容的例子

读出的内容会带有换行符，并且因为 print() 函数会自动输出换行，所以输出结果中包含空行。如果不希望看到这种情况，则只需过滤掉每行数据行尾的换行符即可。

4. 使用 in 关键字

可以使用 in 关键字来遍历文件中的所有行，语法格式如下。

```
for line in 文件对象:
    处理行数据 line
```

【例 9-5】　使用 in 关键字读取文件内容。读取的文件是例 9-1 中创建的 test.txt 文件。读取文件内容的代码如下。

```
f = open("test.txt")                        #打开文件，返回一个文件对象
for line in f:
    print(line)                             #输出 line
f.close()                                   #关闭文件
```

9.1.4　写入文件

本小节介绍向文件中写入数据的方法。

1. write() 函数

可以使用 write() 函数向文件中写入内容，语法格式如下。

```
f.write(写入的内容)
```

参数 f 是写入内容的文件对象。

【例 9-6】　使用 write() 函数写入文件内容。

```
fname = input("请输入文件名: ")
f = open(fname, 'w')                         #打开文件，返回一个文件对象
content = input("请输入写入的内容: ")
f.write(content)
f.close()                                    #关闭文件
```

程序首先使用 input() 函数要求用户输入要写入内容的文件名，然后调用 open() 函数以写入方式打开用户指定的文件，接着再次使用 input() 函数要求用户输入要写入的内容，最后调用 write() 函数写入文件内容，并调用 close() 函数关闭文件。

例如，输入文件名为 test.txt，写入的内容为 Hello Python，运行结果如图 9-1 所示。

```
>>> ============================== RESTART ==============================
>>>
请输入文件名: test.txt
请输入写入的内容: Hello Python
>>>
```

图 9-1　例 9-6 的运行结果

运行后，程序会在 Python 脚本同目录下创建一个 test.txt 文件，其内容为 "Hello Python"。

2. 追加写入

以'w'为参数调用 open()函数时，如果写入文件，则会覆盖文件原有的内容。如果希望在文件中追加内容，则可以'a'或'a+'为参数调用 open()函数打开文件。

【例 9-7】 追加写入文件内容。

```
fname = input("请输入文件名: ")
f = open(fname, 'w')                    #打开文件，返回一个文件对象
content = input("请输入写入的内容: ")
f.write(content)
f.close()                               #关闭文件
f = open(fname, 'a')                    #以追加模式打开文件，返回一个文件对象
f.write("这是追加写入的内容，原文件内容应该被保留")
f.close()                               #关闭文件
```

在第 1 次写入文件内容并关闭文件后，再次以追加模式打开文件，写入"这是追加写入的内容，原文件内容应该被保留"字符串。执行后，打开创建的文件，确认输入的内容还在文件中，并且后面有追加的内容。

3. writelines()函数

可以使用 writelines()函数向文件中写入字符串序列，语法格式如下。

```
f.writelines(seq)
```

参数 f 是写入内容的文件对象，参数 seq 是一个返回字符串的序列（列表、元组、集合、字典等）。注意，写入时每一个序列元素后面不会被追加换行符。

【例 9-8】 使用 writelines()函数写入文件内容。

```
menulist = ['红烧肉', '熘肝尖', '西红柿炒鸡蛋', '油焖大虾']
fname = input("请输入文件名: ")
f = open(fname, 'w')                    #打开文件，返回一个文件对象
f.writelines(menulist)                  #向文件中写入列表 menulist 中的内容
f.close()                               #关闭文件
```

9.1.5 文件指针

文件指针是指向一个文件的指针变量，用于标识当前读写文件的位置。通过文件指针可对它所指的文件进行各种操作。

1. 获取文件指针的位置

使用 tell()函数可以获取文件指针的位置，语法格式如下。

```
pos = 文件对象.tell()
```

tell()函数用于返回一个整数，表示文件指针的位置。打开一个文件时，文件指针的位置为 0。当读写文件时，文件指针的位置会前移至读写的最后位置。

【例 9-9】 使用 tell()函数获取文件指针的位置。

```
f = open('test.txt', 'w')   #以写入方式打开文件
print(f.tell())             #输出 0
f.write('hello')            #写入一个长度为 5 的字符串[0～4]
print(f.tell())             #输出 5
f.write('Python')           #写入一个长度为 6 的字符串[5～10]
```

```
print(f.tell())                  #输出 11
f.close()                        #关闭文件，为重新测试读取文件时文件指针的位置做准备
f = open('test.txt', 'r')        #以只读方式打开文件
str = f.read(5)                  #读取包含 5 个字节的字符串[0～4]
print(f.tell())                  #输出 5
f.close()                        #关闭文件，为重新测试读取文件时文件指针的位置做准备
```

运行结果如下。

```
0
5
11
5
```

请参照注释理解本例题。

2. 移动文件指针

除了通过读写文件操作自动移动文件指针的位置，还可以使用 seek()函数手动移动文件指针的位置，语法格式如下。

```
文件对象.seek(offset,where)
```

参数说明如下。

* offset：移动的偏移量，单位为字节。当其为正数时，向文件尾方向移动文件指针的位置；当其为负数时，向文件头方向移动文件指针的位置。

* where：指定从何处开始移动文件指针的位置。当其为 0 时，从起始位置移动文件指针的位置；当其为 1 时，从当前位置移动文件指针的位置；当其为 2 时，从结束位置移动文件指针的位置。

【例 9-10】　使用 seek()函数移动文件指针的位置。

```
f = open('test.txt', 'w+')       #以读写模式打开文件
print(f.tell())                  #输出文件指针的位置，0
f.write('Hello')                 #写入一个长度为 5 的字符串[0～4]
print(f.tell())                  #输出文件指针的位置，5
f.seek(0,0)                      #移动文件指针至开始位置
print(f.tell())                  #输出文件指针的位置，0
str = f.readline()
print(str)                       #输出读取的文件数据'Hello'
f.close()                        #关闭文件
```

运行结果如下。

```
0
5
0
Hello
```

请参照注释理解本例题。当使用 write()函数向文件写入数据时，文件指针的位置被自动移至 5。之后，程序调用 f.seek(0,0)函数将文件指针的位置移至文件头，再调用 f.readline()函数就是从头读取了。

9.1.6　截断文件

可以使用 truncate()函数从文件头开始截取文件，语法格式如下。

```
文件对象.truncate(size)
```

参数 size 指定要截取的文件大小，单位为字节，size 字节后面的文件内容将被丢弃掉。

【例 9-11】 使用 truncate ()函数截取文件。

```
f = open('test.txt', 'w')      #以写模式打开文件
f.write('Hello Python')        #写入一个字符串
f.truncate(5)                  #截断文件
```

程序首先以覆盖写方式打开 test.txt 文件，然后向文件中写入一个字符串"Hello Python"，最后调用 f.truncate(5)函数截断文件，值保留 5 个字节。执行程序后，文件 test.txt 中的内容应该为"Hello"，因为后面的内容被截取了。

9.1.7 文件属性

使用 os 模块中的 stat()函数可以获取文件的创建时间、修改时间、访问时间、文件大小等文件属性，语法格式如下。

```
文件属性元组名 = os.stat(文件路径)
```

【例 9-12】 输出指定文件的属性信息。

```
import os
fileStats = os.stat('test.txt')                #获取文件的状态
print(fileStats)
```

运行结果如下。

```
os.stat_result(st_mode=33206, st_ino=844424930239689, st_dev=577729078, st_nlink=1,
st_uid=0, st_gid=0, st_size=5, st_atime=1418516842, st_mtime=1418533930, st_ctime=1418516842)
```

os.stat()函数返回的文件属性元组元素的含义如表 9-2 所示。

表 9–2　os.stat()函数返回的文件属性元组元素的含义

索引	含义
0	权限模式
1	inode number，记录文件的存储位置。inode 是许多"类 UNIX 文件系统"中的一种数据结构。每个 inode 保存了文件系统中一个文件系统对象（包括文件、目录、设备文件、socket、管道等）的元信息数据，但不包括数据内容或文件名
2	存储文件的设备编号
3	文件的链接数量。硬链接是 Linux 中的概念，指为文件创建的额外条目。使用时，与文件没有区别；删除时，只会删除链接，不会删除文件
4	文件所有者的用户 ID（User ID）
5	文件所有者的用户组 ID（Group ID）
6	文件大小，单位为字节
7	最近访问的时间
8	最近修改的时间
9	创建的时间

可以使用索引来访问返回的文件属性元组元素。stat 模块中定义了文件属性元组索引对应的常量，其中常用的常量如表 9-3 所示。

表 9–3　stat 模块中定义的文件属性元组索引对应的常用常量

索引	常量
0	stat.ST_MODE
6	stat.ST_SIZE
7	stat.ST_MTIME
8	stat.ST_ATIME
9	stat.ST_CTIME

【例 9-13】 输出指定文件的属性信息。

```
import os, stat
fileStats = os.stat('test.txt')                              #获取文件的状态
print(fileStats[stat.ST_SIZE])
print(fileStats[stat.ST_MTIME])
print(fileStats[stat.ST_ATIME])
print(fileStats[stat.ST_CTIME])
```

运行结果如下。

```
5
1418533932
1419091200
1419127464
```

可以看到，stat()函数返回的时间都是长整数。可以使用 time 模块的 ctime()函数将它们转换成可读的时间字符串。

【例 9-14】 输出指定文件的创建时间。

```
import os, stat, time
fileStats = os.stat('test.txt')                              #获取文件的状态
print(time.ctime(fileStats[stat.ST_CTIME]))
```

9.1.8 复制文件

使用 shutil 模块中的 copy()函数可以复制文件，函数原型如下。

```
copy(src, dst)
```

copy()函数的功能是将源文件 src 的文件内容复制到 dst 中。

【例 9-15】 编写程序，将 C:\Python35\LICENSE.txt 的文件内容复制到 D:\LICENSE.txt 中。

```
import shutil
shutil.copy("C:\\Python35\\LICENSE.txt", "D:\\LICENSE.txt")
```

9.1.9 移动文件

使用 shutil 模块中的 move()函数可以移动文件，函数原型如下。

```
move(src, dst)
```

move()函数的功能是将源文件 src 移动到 dst 中。

【例 9-16】 编写程序，将 C:\Python35\LICENSE.txt 移动到 D:\。

```
import shutil
shutil.move("C:\\Python35\\LICENSE.txt", "D:\\")
```

9.1.10 删除文件

使用 os 模块中的 remove()函数可以删除文件，函数原型如下。

```
os.remove(src)
```

src 指定要删除的文件。

【例 9-17】 编写程序，删除 D:\ LICENSE.txt。

```
import os
os.remove("D:\\LICENSE.txt")
```

9.1.11 重命名文件

使用 os 模块中的 rename()函数可以重命名文件，函数原型如下。

```
os.rename(原文件名，新文件名)
```

【例 9-18】 编写程序，将 C:\Python35\LICENSE.txt 重命名为 C:\Python35\LICENSE1.txt。

```
import os
os.rename("C:\\Python35\\LICENSE.txt", "C:\\Python35\\LICENSE1.txt")
```

9.2 目录操作

目录，也称文件夹，是文件系统中用于组织和管理文件的逻辑对象。在应用程序中，常见的目录操作包括创建目录、删除目录、获取当前目录和获取目录内容等。本节介绍 Python 中目录操作的相关方法。

1. 获取当前目录

使用 os 模块中的 getcwd()函数可以获取当前目录，函数原型如下。

```
os.getcwd()
```

【例 9-19】 编写程序，输出当前目录。

```
import os
print(os.getcwd())
```

2. 获取目录内容

使用 os 模块中的 listdir()函数可以获得指定目录中的内容，函数原型如下。

```
os.listdir(path)
```

参数 path 用于指定所要获得目录内容的路径。

【例 9-20】 编写程序，输出目录 C:\Python35 的内容。

```
import os
print(os.listdir("C:\\Python35"))
```

运行结果如下。

```
['DLLs', 'Doc', 'include', 'Lib', 'libs', 'LICENSE1.txt', 'NEWS.txt', 'python.exe',
'pythonw.exe', 'pywin32-wininst.log', 'README.txt', 'Removepywin32.exe', 'Scripts', 'tcl',
'Tools']
```

3. 创建目录

使用 os 模块中的 mkdir()函数可以创建目录，函数原型如下。

```
os.mkdir(path)
```

参数 path 用于指定要创建的目录。

【例 9-21】 编写程序，创建目录 C:\mydir。

```
import os
os.mkdir("C:\\mydir")
```

4. 删除目录

使用 os 模块中的 rmdir()函数可以删除目录，函数原型如下。

```
os.rmdir(path)
```

参数 path 用于指定要删除的目录。

【例 9-22】 编写程序，删除目录 C:\mydir。

```
import os
os.rmdir("C:\\mydir")
```

习题

一、选择题

1. 调用 open()函数可以打开指定文件，在 open()函数中，访问模式参数使用（　　　）表示只读。

    A. 'a'　　　　　　　　B. 'w+'　　　　　　　　C. 'r'　　　　　　　　D. 'w'

2. Python 将文件分为两类，分别是（　　　）。

    A. 文本文件和二进制文件　　　　　　B. 文本文件和数据文件

    C. 数据文件和二进制文件　　　　　　D. 以上选项都不对

3. 使用 open()函数打开一个文本文件，若文件不存在则创建，存在则完全覆盖，则 open()函数中指定的文件打开模式是（　　　）。

    A. "r"　　　　　　　　B. "x"　　　　　　　　C. "w"　　　　　　　　D. "a"

4. 若要对 E 盘下 myfile 目录中的文本文件 abc.txt 进行读操作，则文件打开模式应为（　　　）。

    A. open("E:\myfile\abc.txt", "r")　　　　　　B. open("E:\myfile\abc.txt", "x")

    C. open("E:\myfile\abc.txt", "rb")　　　　　D. open("E:\myfile\abc.txt", "r+")

5. 下列选项中，文件打开模式（　　　）为二进制文件只读模式。

    A. "rb"　　　　　　　B. "wb"　　　　　　　C. "ab"　　　　　　　D. "r+"

6. 下列选项中，（　　　）函数在读取文件内容后返回的是列表类型的数据对象。

    A. readline()　　　　B. read()　　　　　　C. readlines()　　　　D. 以上选项都不正确

7. 在 Python 中，使用 read(size)函数读取文本文件中的数据时，表示的是（　　　）。

    A. 从文件中读取指定 size 行字符，若 size 为负数，则从文件尾部向前读取 size 个字符

    B. 从文件中读取指定 size 个字符，若 size 为负数，则从文件尾部向前读取 size 个字符

    C. 从文件中读取指定 size 行字符，若 size 为负数，则读取到文件结束

    D. 从文件中读取指定 size 个字符，若 size 为负数，则读取到文件结束

二、编程题

1. 假设有一个英文文本文件，编写程序读取其内容，并将其中的大写字母变为小写字母，小写字母变为大写字母。要求：执行程序后，原文本文件中的内容不变，将改变后的字符内容存入一个新的文本文件中。文件路径可自行设置。

2. 编写程序，要求如下：输入一个字符，读取一个文件，统计该字符在文件中出现的次数。

10 第 10 章 图形用户界面编程

前面介绍的 Python 程序都只能输出字符串和数值，这显然不能满足实际应用的需求。Python 提供了一些用于图形用户界面编程的模块，包括 tkinter 模块、wxWidgets 模块、easygui 模块和 wxpython 模块。由于篇幅所限，本章以 tkinter 模块为例，介绍使用 tkinter 组件进行图形用户界面编程的方法。

10.1 常用 tkinter 组件的使用

tkinter 模块是 Python 的标准 Tk GUI 工具包的接口，它可以在大多数的 UNIX 操作系统中使用，也可以应用在 Windows 和 macOS 操作系统中。使用 tkinter 模块可以开发出具有友好用户界面的应用程序。本节介绍使用 tkinter 模块开发图形用户界面的应用程序的方法，以及一些常用的 tkinter 组件。

10.1.1 弹出消息框

弹出消息框是图形用户界面编程最基本的功能。使用 tkinter.messagebox 模块可以实现此功能。为此，我们需要引入 tkinter.messagebox 模块，代码如下。

```
from tkinter.messagebox import *
```

1. 弹出提示消息框

使用 showinfo()函数可以弹出提示消息框，语法格式如下。

```
showinfo(title=标题,message=内容)
```

【例 10-1】 弹出一个提示消息框。

```
from tkinter.messagebox import *
showinfo(title='提示',message='欢迎光临')
```

运行程序，弹出图 10-1 所示的提示消息框。

2. 弹出包含"确定"按钮的警告消息框

使用 showwarning()函数可以弹出一个包含"确定"按钮的警告消息框，语法格式如下。

```
showwarning(title=标题,message=内容)
```

【例 10-2】 弹出一个警告消息框。

```
from tkinter.messagebox import *
showwarning(title='提示',message='请输入密码')
```

图 10-1 提示消息框

运行程序，弹出图 10-2 所示的警告消息框。该警告消息框中有一个警告图标。

3. 弹出错误消息框

使用 showerror() 函数可以弹出错误消息框，语法格式如下。

```
showerror(title=标题,message=内容)
```

【例 10-3】　弹出一个错误消息框。

```
from tkinter.messagebox import *
showerror(title='提示',message='密码错误')
```

运行程序，弹出图 10-3 所示的错误消息框。错误消息框中有一个错误图标。

图 10-2　警告消息框　　　　　图 10-3　错误消息框

4. 弹出包含"是"和"否"按钮的疑问消息框

使用 askquestion() 函数可以弹出一个包含"是"和"否"按钮的疑问消息框，语法格式如下。

```
askquestion(title=标题,message=内容)
```

如果用户单击"是"按钮，则 askquestion() 函数返回 YES（即字符串'yes'）；如果用户单击"否"按钮，则 askquestion() 函数返回 NO（即字符串'no'）。

【例 10-4】　弹出一个疑问消息框。

```
from tkinter.messagebox import *
ret=askquestion(title='请确认',message='是否删除此用户？')
if ret==YES:
    showinfo(title='提示',message='已删除')
```

运行程序，弹出图 10-4 所示的疑问消息框。疑问消息框中有一个疑问图标。如果用户单击"是"按钮，则弹出图 10-5 所示的消息框。

图 10-4　疑问消息框　　　　图 10-5　单击"是"按钮后弹出的消息框

使用 askyesnocancel() 函数也可以弹出一个包含"是"和"否"按钮的疑问消息框，语法格式如下。

```
askyesnocancel(title=标题,message=内容)
```

与 askquestion() 函数不同的是，如果用户单击"是"按钮，则 askyesnocancel() 函数返回 True；如果用户单击"否"按钮，则 askyesnocancel() 函数返回 False。

【**例 10-5**】 使用 askyesnocancel() 函数弹出一个疑问消息框。

```
from tkinter.messagebox import *
ret=askyesnocancel(title='请确认',message='是否删除此用户？')
if ret==True:
    showinfo(title='提示',message='删除')
```

程序运行结果与例 10-4 一样。

5. 弹出包含"确定"和"取消"按钮的疑问消息框

使用 askokcancel() 函数可以弹出一个包含"确定"和"取消"按钮的疑问消息框，语法格式如下。

```
askokcancel(title=标题,message=内容)
```

如果用户单击"确定"按钮，则 askokcancel() 函数返回 True；如果用户单击"取消"按钮，则 askokcancel() 函数返回 False。

【**例 10-6**】 弹出一个包含"确定"和"取消"按钮的疑问消息框。

```
from tkinter.messagebox import *
ret=askokcancel(title='请确认',message='是否确定继续？')
if ret==True:
    showinfo(title='提示',message='继续')
```

运行程序，弹出图 10-6 所示的疑问消息框。该疑问消息框中有一个疑问图标。如果用户单击"确定"按钮，则弹出图 10-7 所示的消息框。

图 10-6 包含"确定"和"取消"按钮的疑问消息框

图 10-7 单击"确定"按钮后弹出的消息框

6. 弹出包含"重试"和"取消"按钮的警告消息框

使用 askretrycancel() 函数可以弹出一个包含"重试"和"取消"按钮的警告消息框，语法格式如下。

```
askretrycancel(title=标题,message=内容)
```

如果用户单击"重试"按钮，则 askretrycancel() 函数返回 True；如果用户单击"取消"按钮，则 askretrycancel() 函数返回 False。

【**例 10-7**】 弹出一个包含"重试"和"取消"按钮的警告消息框。

```
from tkinter.messagebox import *
ret=askretrycancel(title='提示',message='操作失败，您可以选择')
if ret==True:
    showinfo(title='提示',message='重试')
```

运行程序，弹出图 10-8 所示的警告消息框。该警告消息框中有一个警告图标。如果用户单击"重试"按钮，则弹出图 10-9 所示的消息框。

图 10-8　包含"重试"和"取消"按钮的警告消息框

图 10-9　单击"重试"按钮后弹出的消息框

10.1.2　创建 Windows 窗口

使用 tkinter 模块可以很方便地创建 Windows 窗口。具体方法如下。

1. 导入 tkinter 模块

在开发图形用户界面应用程序之前，应该导入 tkinter 模块，代码如下。

```
from tkinter import *
```

2. 创建 Windows 窗口对象

可以使用下列方法创建一个 Windows 窗口对象。

```
Windows 窗口对象 = Tk()
```

3. 显示 Windows 窗口

在创建 Windows 窗口对象后，可以使用下列代码显示 Windows 窗口。

```
Windows 窗口对象.mainloop()
```

mainloop()函数的核心功能是启动窗口的主循环，而显示窗口是这一过程的必然结果。

【例 10-8】　显示一个 Windows 窗口。

```
from tkinter import *
win = Tk()
win.mainloop()
```

运行上述程序，弹出图 10-10 所示 Windows 窗口。

4. 设置窗口标题

在创建 Windows 窗口对象后，可以使用 title()函数设置窗口的标题，语法格式如下。

```
Windows 窗口对象.title(标题字符串)
```

【例 10-9】　显示一个 Windows 窗口，标题为"我的窗口"。

```
from tkinter import *
win = Tk()
win.title("我的窗口")
win.mainloop()
```

运行上述程序，弹出图 10-11 所示窗口。

图 10-10　弹出的 Windows 窗口

图 10-11　设置了标题的窗口

5. 设置窗口大小

在创建 Windows 窗口对象后，可以使用 geometry()函数设置 Windows 窗口的大小，语法格式如下。

```
Windows 窗口对象.geometry(size)
```

参数 size 用于指定 Windows 窗口大小，语法格式如下。

```
宽度 x 高度
```

注意，这里的 x 不是乘号，而是字母。

【例 10-10】　显示一个 Windows 窗口，初始大小为 800 像素×600 像素。

```
from tkinter import *
win = Tk()
win.geometry("800x600")
win.mainloop()
```

运行上述程序，弹出一个初始大小为 800 像素×600 像素的 Windows 窗口。

还可以使用 minsize()函数、maxsize()函数分别设置 Windows 窗口的最小尺寸和最大尺寸，语法格式如下。

```
Windows 窗口对象.minsize(最小宽度，最小高度)
Windows 窗口对象.maxsize(最大宽度，最大高度)
```

【例 10-11】　显示一个 Windows 窗口，初始大小为 800 像素×600 像素，最小为 400 像素×300 像素，最大为 1440 像素×900 像素。

```
from tkinter import *
win = Tk()
win.geometry("800x600")
win.minsize(400,300)
win.maxsize(1440,900)
win.mainloop()
```

10.1.3　Label 组件

Label 组件用于在窗口中显示文本或位图。

1. 创建和显示 Label 对象

创建 Label 对象的语法格式如下。

```
Label 对象 = Label(tkinter Windows 窗口对象,text = Label 组件显示的文本)
```

显示 Label 对象的语法格式如下。

```
Label 对象.pack()
```

【例 10-12】　使用 Label 组件示例。

```
from tkinter import *
win = Tk()                                    #创建 Windows 窗口对象
win.title("我的窗口")                           #设置 Windows 窗口标题
l = Label(win, text = '我是 Label 组件')        #创建 Label 组件
l.pack()                                       #显示 Label 组件
win.mainloop()
```

运行上述程序，弹出图 10-12 所示窗口。

图 10-12　例 10-12 程序运行结果

2. 使用 Label 组件显示图片

除了显示文本，还可以使用 bitmap 属性在 Label 组件中显示位图。其可取值如表 10-1 所示。

表 10–1 bitmap 属性的可取值

可取值	具体描述	可取值	具体描述
error	显示错误图标◎	warning	显示警告图标❗
hourglass	显示沙漏图标⧗	gray12	显示灰度背景图标▨
info	显示信息图标ℹ	gray25	显示灰度背景图标▦
questhead	显示疑问头像图标🐷	gray50	显示灰度背景图标◼
question	显示疑问图标❓	gray75	显示灰度背景图标◼

【例 10-13】使用 Label 组件显示位图。

```
from tkinter import *
win = Tk()                              #创建 Windows 窗口对象
win.title("我的窗口")                    #设置 Windows 窗口标题
l1 = Label(win,bitmap = 'error')        #显示错误图标
l1.pack()                               #显示 Label 组件
l2 = Label(win,bitmap = 'hourglass')    #显示沙漏图标
l2.pack()                               #显示 Label 组件
l3 = Label(win,bitmap = 'info')         #显示信息图标
l3.pack()                               #显示 Label 组件
l4 = Label(win,bitmap = 'questhead')    #显示疑问头像图标
l4.pack()                               #显示 Label 组件
l5 = Label(win,bitmap = 'question')     #显示疑问图标
l5.pack()                               #显示 Label 组件
l6 = Label(win,bitmap = 'warning')      #显示警告图标
l6.pack()                               #显示 Label 组件
l7 = Label(win,bitmap = 'gray12')       #显示灰度背景图标 gray12
l7.pack()                               #显示 Label 组件
l8 = Label(win,bitmap = 'gray25')       #显示灰度背景图标 gray25
l8.pack()                               #显示 Label 组件
l9 = Label(win,bitmap = 'gray50')       #显示灰度背景图标 gray50
l9.pack()                               #显示 Label 组件
l10 = Label(win,bitmap = 'gray75')      #显示灰度背景图标 gray75
l10.pack()                              #显示 Label 组件
win.mainloop()
```

运行上述程序，弹出图 10-13 所示窗口。

内置的位图都是灰度图，显示效果不佳。可以使用 image 属性和 bm 属性显示自定义图片，语法格式如下。

```
bm = PhotoImage(file = 文件名)
label = Label(窗口对象,image = bm)
label.bm = bm
```

【例 10-14】 使用 Label 组件显示自定义图片。

```
from tkinter import *
win = Tk()                              #创建 Windows 窗口对象
```

图 10-13 使用 Label 组件显示位图

```
win.title("我的窗口")                      #设置 Windows 窗口标题
bm = PhotoImage(file = 'C:\\Python34\\Lib\\idlelib\\Icons\\idle_48.png')
label = Label(win,image = bm)
label.bm = bm
label.pack()                              #显示 Label 组件
win.mainloop()
```

运行上述程序，弹出图 10-14 所示窗口。C:\Python34\Lib\idlelib\Icons\idle_48.png 是 IDLE 的图标。

3. 设置 Label 组件的颜色

fg 属性用于设置组件的前景色，bg 属性用于设置组件的背景色。

可以使用颜色字符串来表示颜色，如'RED'表示红色、'BLUE'表示蓝色、'GREEN'表示绿色等。

图 10-14　使用 Label 组件显示自定义图片

【例 10-15】　设置 Label 组件的前景色和背景色。

```
from tkinter import *
win = Tk()              #创建 Windows 窗口对象
label = Label(win, fg = 'red', bg = 'blue', text='有颜色的字符串')
label.pack()            #显示 Label 组件
win.mainloop()
```

除了前面介绍的内容，其他常用的 Lable 组件属性如表 10-2 所示。

表 10-2　其他常用的 Lable 组件属性

属性	说明
width	宽度
height	高度
compound	指定文本与图像如何在 Label 组件上显示，默认为 None；当指定 image/bitmap 时，文本（text）将被覆盖，只显示图像。可以使用的值如下。 • 'left'：图像居左。 • 'right'：图像居右。 • 'top'：图像居上。 • 'bottom'：图像居下。 • 'center'：文字覆盖在图像上
wraplength	指定多少单位后开始换行，用于多行显示文本
justify	指定多行的对齐方式，可以使用的值为 LEFT（左对齐）和 RIGHT（右对齐）
ahchor	指定文本（text）或图像（image/bitmap）在 Label 中的显示位置。可以使用的值如下。 • 'e'，垂直居中，水平居右。 • 'w'，垂直居中，水平居左。 • 'n'，垂直居上，水平居中。 • 's'，垂直居下，水平居中。 • 'ne'，垂直居上，水平居右。 • 'se'，垂直居下，水平居右。 • 'sw'，垂直居下，水平居左。 • 'nw'，垂直居上，水平居左。 • 'center'，垂直居中，水平居中

10.1.4　Button 组件

Button 组件用于在窗口中显示按钮，按钮上可以显示文字或图像。

1. 创建和显示 Button 对象

创建 Button 对象的语法格式如下。

```
Button 对象=Button(tkinter Windows 窗口对象,text=Button 组件显示的文本,command=单击按钮所调用
的对象)
```

显示 Button 对象的语法格式如下。

```
Button 对象.pack()
```

【例 10-16】　使用 Button 组件示例。

```
from tkinter import *
from tkinter.messagebox import *
def CallBack():
    showinfo(title='',message='单击我干吗')
win=Tk()                                          #创建 Windows 窗口对象
win.title("使用 Button 组件的简单例子")            #设置 Windows 窗口标题
b=Button(win,text='单击我啊',command=CallBack)     #创建 Button 组件
b.pack()                                          #显示 Button 组件
win.mainloop()
```

运行上述程序，弹出图 10-15 所示窗口。单击按钮会调用
CallBack()函数，弹出一个消息框。

2. 使用 Button 组件显示图片

图 10-15　例 10-16 程序的运行结果

除了显示文本，还可以使用 image 属性和 bm 属性显示自定义图片，语法格式如下。

```
bm=PhotoImage(file=文件名)
#创建 Button 组件
b=Button(win,text='Button 组件显示的文本',command=单击按钮所调用的对象,image=bm)
b.bm=bm
```

【例 10-17】　使用 Button 组件显示自定义图片。

```
from tkinter import *
from tkinter.messagebox import *
def CallBack():
    showinfo(title='',message='单击我干吗')
win=Tk()                                          #创建 Windows 窗口对象
win.title("使用 Button 组件的简单例子")     #设置 Windows 窗口标题
bm=PhotoImage(file='C:\\Python34\\Lib\\idlelib\\Icons\\idle_48.png')
b=Button(win,text='单击我啊',command=CallBack,image=bm)     #创建 Button 组件
b.bm=bm
b.pack()                                          #显示 Button 组件
win.mainloop()
```

运行上述程序，弹出图 10-16 所示窗口。C:\Python34\Lib\idlelib\Icons\idle_48.png 是 IDLE 的图标。

图 10-16　使用 Button 组件显示自定义图片

3. 设置 Button 组件的大小

width 属性用于设置组件的宽度，height 属性用于设置组件的高度。

【例 10-18】 设置 Button 组件的大小。

```
from tkinter import *
from tkinter.messagebox import *
def CallBack():
    showinfo(title='',message='单击我干吗')
win=Tk()    #创建 Windows 窗口对象
b=Button(win,text='单击我啊',command=CallBack,width=100,height=50)    #创建 Button 组件
b.pack()    #显示 Button 组件
```

程序运行结果如图 10-17 所示。

图 10-17　例 10-18 程序的运行结果

除了前面介绍的内容，其他常用的 Button 组件属性如表 10-3 所示。

表 10–3　其他常用的 Button 组件属性

属性	说明
bitmap	指定按钮上显示的位图
compound	指定文本与图像如何在 Button 组件上显示，默认为 None。当指定 image/bitmap 时，文本（text）将被覆盖，只显示图像。可以使用的值如下。 • 'left'：图像居左。 • 'right'：图像居右。 • 'top'：图像居上。 • 'bottom'：图像居下。 • 'center'：文字覆盖在图像上
wraplength	指定多少单位后开始换行，用于多行显示文本
bg	设置背景颜色
fg	设置前景颜色
state	设置 Button 组件的状态，可取值为正常（NORMAL）、激活（ACTIVE）和禁用（DISABLED）
bd	设置按钮的边框大小，默认为 1 个或 2 个像素

【例 10-19】 设置 Button 组件的边框大小和状态。

```
from tkinter import *
from tkinter.messagebox import *
win=Tk()    #创建 Windows 窗口对象
b1=Button(win,text='粗边框的按钮',bd=5)
b1.pack()    #显示 Button 组件
```

```
b2=Button(win,text='不能单击的按钮',state=DISABLED)
b2.pack()    #显示 Button 组件
```

程序运行结果如图 10-18 所示。窗口中有两个按钮，一个按钮的边框比较粗，另一个按钮被禁用。

图 10-18　例 10-19 程序的运行结果

10.1.5　Canvas 画布组件

Canvas 是一个画布组件，利用它可以定义画布，再在画布中画图。

1. 创建和显示 Canvas 对象

可以使用下列方法创建一个 Canvas 对象。

```
Canvas 对象=Canvas(父窗口,属性,… )
```

常用的属性如表 10-4 所示。

表 10-4　创建 Canvas 对象时常用的属性

属性	说明
bd	指定画布的边框宽度，单位是像素
bg	指定画布的背景颜色
confine	指定画布在滚动区域外能否滚动。默认为 True，表示不能滚动
cursor	指定画布中的鼠标指针
height	指定画布的高度
highlightcolor	选中画布时的背景色
relief	指定画布的边框样式，可取值有 SUNKEN、RAISED、GROOVE、RIDGE
scrollregion	指定画布的滚动区域的元组
width	指定画布的宽度

显示 Canvas 对象的语法格式如下。

```
Canvas 对象.pack()
```

【例 10-20】　创建一个红色背景、宽为 200 像素、高为 100 像素的画布。

```
from tkinter import *
root=Tk()
cv=Canvas(root,bg='red',width=200,height=100)
cv.pack()
root.mainloop()
```

程序运行结果如图 10-19 所示。

图 10-19　例 10-20 程序的运行结果

2. 绘制线条

使用 create_line() 函数可以创建一个线条对象，语法格式如下。

```
line = canvas.create_line(x0, y0, x1, y1, … ,xn, yn, 属性)
```

参数 x0、y0、x1、y1、…、xn、yn 是线段的端点。

常用的属性如表 10-5 所示。

表 10–5　创建线条对象时常用的属性

属性	说明
width	指定线段的宽度
arrow	指定直线是否使用箭头，可以使用的值如下。 • 'none'，没有箭头。 • 'first'，起点有箭头。 • 'last'，终点有箭头。 • 'both'，两端都有箭头
arrowshape	设置箭头的形状，由 3 个整数构成，分别代表填充长度、箭头长度和箭头宽度。例如，arrowshape = '40 40 10'
fill	指定线段的颜色
dash	指定线段为虚线

【例 10-21】　绘制直线。起点坐标为(10,10)，终点坐标为(100,80)，直线宽度为 2 像素，线段为虚线。

```
from tkinter import *
root = Tk()
cv = Canvas(root, bg = 'white', width = 200, height = 100)
cv.create_line(10, 10, 100, 80, width = 2, dash = 7)
cv.pack()
root.mainloop()
```

程序运行结果如图 10-20 所示。dash 属性的值可以决定虚线的样式。

【例 10-22】　设置连接的样式。

```
from tkinter import *
root = Tk()
cv = Canvas(root, bg = 'white', width = 200, height = 100)
cv.create_line(10, 10, 100, 10, arrow = 'none')
cv.create_line(10, 20, 100, 20, arrow = 'first')
cv.create_line(10, 30, 100, 30, arrow = 'last')
cv.create_line(10, 40, 100, 40, arrow = 'both')
cv.pack()
root.mainloop()
```

程序运行结果如图 10-21 所示。

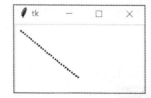

图 10-20　例 10-21 程序的运行结果

图 10-21　例 10-22 程序的运行结果

3. 绘制矩形

使用 create_rectangle() 函数可以创建一个矩形对象，语法格式如下。

Canvas 对象.create_rectangle(矩形左上角的 x 坐标，矩形左上角的 y 坐标，矩形右下角的 x 坐标，矩形右下角的 y 坐标，属性，…)

常用的属性如表 10-6 所示。

表 10-6　创建矩形对象时常用的属性

属性	说明
outline	指定边框颜色
fill	指定填充颜色
width	指定边框的宽度
dash	指定边框为虚线
stipple	使用指定的图案来填充矩形

【例 10-23】　绘制一个红色填充、蓝色边框的矩形，边框宽度为 2 像素。矩形左上角坐标为 (10,10)、右下角坐标为 (100,80)。

```
from tkinter import *
root = Tk()
cv = Canvas(root, bg = 'white', width = 200, height = 100)
cv.create_rectangle(10, 10, 100, 80, outline = 'blue', fill = 'red', width = 2)
cv.pack()
root.mainloop()
```

程序运行结果如图 10-22 所示。

【例 10-24】　绘制一个边框为虚线的矩形。

```
from tkinter import *
root = Tk()
cv = Canvas(root, bg = 'white', width = 200, height = 100)
cv.create_rectangle(10, 10, 100, 80, outline = 'blue', fill = 'white', width = 2, dash = 7)
cv.pack()
root.mainloop()
```

程序运行结果如图 10-23 所示。dash 属性的值可以决定虚线的样式。例如，将 dash 设置为 100 （像素）时的矩形如图 10-24 所示。

图 10-22　例 10-23 程序的运行结果

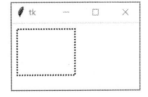

图 10-23　例 10-24 程序的运行结果

【例 10-25】　绘制一个使用指定图案填充的矩形。

```
from tkinter import *
root = Tk()
cv = Canvas(root, bg = 'white', width = 200, height = 100)
cv.create_rectangle(10, 10, 100, 80, outline = 'blue', fill = 'red', width = 2,
stipple = 'gray12')
cv.pack()
root.mainloop()
```

程序运行结果如图 10-25 所示。stipple 属性还可以取值 gray25、gray50、gray75 等。

143

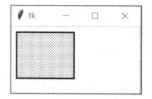

图 10-24　将 dash 设置为 100（像素）时的矩形　　图 10-25　例 10-25 程序的运行结果

4. 绘制弧

使用 create_arc() 函数可以创建一个弧对象，该弧对象可以是一个和弦、一个饼图扇区或是一条简单的弧。语法格式如下。

Canvas 对象.create_arc(包裹弧外框的矩形的左上角 x 坐标，包裹弧外框的矩形的左上角 y 坐标，包裹弧外框的矩形的右下角 x 坐标，包裹弧外框的矩形的右下角 y 坐标，属性，…)

常用的属性如表 10-7 所示。

表 10-7　创建弧对象时常用的属性

属性	说明
outline	指定边框颜色
fill	指定填充颜色
width	指定边框的宽度
start	起始角度
extent	终止角度

【例 10-26】　绘制一个 30° 的扇形。

```
from tkinter import *
root = Tk()
cv = Canvas(root, bg = 'white', width = 200, height = 100)
cv.create_arc(10, 10, 100, 80, outline = 'blue', fill = 'red', width = 2, start = 0, extent = 30)
cv.pack()
root.mainloop()
```

程序运行结果如图 10-26 所示。

【例 10-27】　绘制一个圆。

```
from inter import *
root = Tk()
cv = Canvas(root, bg = 'white', width = 200, height = 100)
cv.create_arc(10, 10, 100, 100, outline = 'blue', fill = 'red', width = 2,start = 0, extent = 359)
cv.pack()
root.mainloop()
```

程序运行结果如图 10-27 所示。因为 create_arc() 函数用来绘制弧，所以当起始角度为 0 且终止角度为 359° 时，就会绘制一个圆（或椭圆），但是圆（或椭圆）的内部会留有弧的起止线条。如果边框和填充颜色一致，就会看不出绘制的弧。

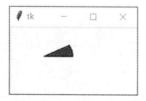

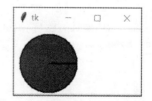

图 10-26　例 10-26 程序的运行结果　　图 10-27　例 10-27 程序的运行结果

5. 绘制多边形

使用 create_polygon()函数可以创建一个多边形对象，该多边形对象可以是一个三角形、一个矩形或是任意一个多边形。语法格式如下。

```
Canvas对象.create_polygon(顶点1的x坐标，顶点1的y坐标，顶点2的x坐标，顶点2的y坐标，…，顶点n的x坐标，顶点n的y坐标，属性，…)
```

常用的属性如表 10-8 所示。

表 10–8　创建多边形对象时常用的属性

属性	说明
outline	指定边框颜色
fill	指定填充颜色
width	指定边框的宽度
smooth	指定多边形的平滑程度。smooth=0 表示多边形的边是折线；smooth=1 表示多边形的边是平滑曲线

【例 10-28】　绘制一个三角形。

```
from tkinter import *
root = Tk()
cv = Canvas(root, bg = 'white', width = 200, height = 100)
cv.create_polygon(100, 5, 0, 80, 200, 80, outline = 'blue', fill = 'red', width = 2)
cv.pack()
root.mainloop()
```

程序运行结果如图 10-28 所示。

【例 10-29】　绘制一个由平滑曲线构成的三角形。

```
from tkinter import *
root = Tk()
cv = Canvas(root, bg = 'white', width = 200, height = 100)
cv.create_polygon(100, 5, 0, 80, 200, 80, outline = 'blue', fill = 'red', width = 2,
smooth = 1)
cv.pack()
root.mainloop()
```

程序运行结果如图 10-29 所示。

图 10-28　例 10-28 程序的运行结果　　图 10-29　例 10-29 程序的运行结果

6. 绘制椭圆

使用 create_oval()函数可以创建一个椭圆对象，语法格式如下。

```
Canvas对象.create_oval(包裹椭圆的矩形的左上角x坐标，包裹椭圆的矩形的左上角y坐标，椭圆的长度，椭圆的长度，属性，…)
```

常用的属性如表 10-9 所示。

表 10–9　创建椭圆对象时常用的属性

属性	说明
outline	指定边框颜色
fill	指定填充颜色
width	指定边框的宽度

【例 10-30】 绘制一个长 100 像素、宽 80 像素的椭圆。

```
from tkinter import *
root = Tk()
cv = Canvas(root, bg = 'white', width = 200, height = 100)
cv.create_oval(10, 10, 100, 50, outline = 'blue', fill = 'red', width = 2)
cv.pack()
root.mainloop()
```

程序运行结果如图 10-30 所示。

【例 10-31】 绘制一个半径为 100 像素的圆形。

```
from tkinter import *
root = Tk()
cv = Canvas(root, bg = 'white', width = 200, height = 100)
cv.create_oval(10, 10, 100, 100, outline = 'blue', fill = 'red', width=2)
cv.pack()
root.mainloop()
```

程序运行结果如图 10-31 所示。

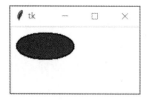 

图 10-30 例 10-30 程序的运行结果　　　图 10-31 例 10-31 程序的运行结果

7. 绘制文字

使用 create_text() 函数可以创建一个文字对象，语法格式如下。

文字对象 = Canvas 对象.create_text((文本左上角的 x 坐标,文本左上角的 y 坐标), 属性, …)

常用的属性如表 10-10 所示。

表 10-10　创建文字对象时常用的属性

属性	说明
text	文字对象的文本内容
fill	指定文字颜色
anchor	控制文字对象的位置，'w'表示左对齐，'e'表示右对齐，'n'表示顶对齐，'s'表示底对齐，'nw'表示左上对齐，'sw'表示左下对齐，'se'表示右下对齐，'ne'表示右上对齐，'center'表示居中对齐。默认值为'center'
justify	设置文字对象中文本的对齐方式。'left'表示左对齐，'right'表示右对齐，'center'表示居中对齐。默认值为'center'

【例 10-32】 绘制一段文字。

```
from tkinter import *
root = Tk()
cv = Canvas(root, bg = 'white', width = 200, height = 200)
cv.create_text((10, 10), text = 'Hello Python', fill = 'red', anchor = 'nw')
cv.create_text((100, 200), text = '你好, Python! ', fill = 'blue', anchor = 'se')
cv.pack()
root.mainloop()
```

程序运行结果如图 10-32 所示。

使用 select_from() 函数和 select_to() 函数可以选择文本对象的一部分。select_from() 函数用于指定选中文本的起始位置，语法格式如下。

Canvas 对象.select_from(文本对象, 选中文本的起始位置)

图 10-32　例 10-32 程序的运行结果

select_to()函数用于指定选中文本的结束位置，语法格式如下。

```
Canvas 对象.select_from(文本对象，选中文本的结束位置)
```

【例 10-33】　选中文本示例。

```
from tkinter import *
root = Tk()
cv = Canvas(root, bg = 'white', width = 200, height = 100)
txt = cv.create_text((10, 10), text = 'Hello Python', fill = 'red', anchor = 'nw')
#设置选中文本的起始位置
cv.select_from(txt,6)
#设置选中文本的结束位置
cv.select_to(txt,11)
cv.pack()
root.mainloop()
```

程序运行结果如图 10-33 所示。

图 10-33　例 10-33 程序的运行结果

8．绘制图像

使用 create_bitmap()函数可以绘制 Python 内置的位图，语法格式如下。

```
Canvas 对象.create_bitmap((位图左上角的 x 坐标，位图左上角的 y 坐标)，bitmap = 位图字符串)
```

位图字符串的可取值与表 10-1 所列相同，可以参照理解。

【例 10-34】　绘制 4 个 Python 内置的位图。

```
from tkinter import *
root = Tk()
cv = Canvas(root, bg = 'white', width = 200, height = 100)
d = {1:'error', 2:'info', 3:'question', 4:'hourglass'}
for i in d:
    cv.create_bitmap((20 * i, 20 * i), bitmap = d[i])
cv.pack()
root.mainloop()
```

程序运行结果如图 10-34 所示。

使用 create_image()函数可以绘制指定的图像，语法格式如下。

```
Canvas 对象.create_image((图像左上角的 x 坐标，图像左上角的 y 坐标)，image = img)
```

img 是 PhotoImage 对象，可以使用下面的方法创建一个 PhotoImage 对象。

```
img = PhotoImage(file = 图像文件)
```

【例 10-35】　在窗口中绘制 IDLE 图标。

```
from tkinter import *
root = Tk()
cv = Canvas(root, bg = 'white', width = 800, height = 600)
img = PhotoImage(file = ' C:\\Python34\\Lib\\idlelib\\Icons\\idle_48.png')
cv.create_image((400, 200), image = img)
cv.pack()
root.mainloop()
```

程序运行结果如图 10-35 所示。

图 10-34　例 10-34 程序的运行结果　　图 10-35　例 10-35 程序的运行结果

9. 修改图形对象的坐标

使用 coords()函数可以修改图形对象的坐标，语法格式如下。

```
Canvas 对象.coords(图形对象，(图形左上角的 x 坐标，图形左上角的 y 坐标，图形右下角的 x 坐标，图形右下角的 y 坐标))
```

因为可以同时修改图形对象的左上角坐标和右下角坐标，所以在移动图形对象的同时可以拉抻图形对象。

【例 10-36】　修改一个矩形对象的坐标。

```
from tkinter import *
root = Tk()
#创建一个 Canvas 对象，设置其背景色为白色
cv = Canvas(root, bg = 'white', width = 200, height = 100)
rt = cv.create_rectangle(10, 10, 110, 110, outline = 'red', stipple = 'gray12', fill = 'green')
cv.pack()
#重新设置 rt 的坐标
cv.coords(rt, (40, 40, 200, 100))
root.mainloop()
```

如果没有 cv.coords(rt, (40, 40, 200, 100))语句，则程序运行结果如图 10-36 所示。使用 cv.coords(rt, (40, 40, 200, 100))语句后，程序运行结果如图 10-37 所示。

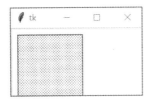

图 10-36　没有 cv.coords(rt, (40, 40, 200, 100))
语句时程序的运行结果

图 10-37　使用 cv.coords(rt, (40, 40, 200, 100))
语句后程序的运行结果

10. 移动指定图形对象

使用 move() 函数可以修改图形对象的坐标，语法格式如下。

Canvas 对象.move (图形对象, x 坐标偏移量, y 坐标偏移量)

【例 10-37】　移动一个矩形对象。

```
from tkinter import *
root = Tk()
#创建一个 Canvas 对象，设置其背景色为白色
cv = Canvas(root, bg = 'white', width = 200, height = 100)
rt1 = cv.create_rectangle(10, 10, 110, 110, outline = 'red', stipple = 'gray12', fill =
'green')
cv.pack()
rt2 = cv.create_rectangle(10, 10, 110, 110, outline = 'blue')
#移动 rt1
cv.move(rt1, 20, -10)
cv.pack()
root.mainloop()
```

为了直观地展开移动图形对象的效果，程序在同一位置绘制了两个矩形 rt1（有背景花纹）和 rt2
（没有背景花纹），之后调用 move() 函数移动矩形 rt1。程序运行结果如图 10-38 所示。

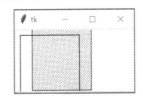

图 10-38　例 10-37 程序的运行结果

由图 10-38 可以看出，矩形 rt1 被移动了。

11. 删除图形对象

使用 delete() 函数可以删除图形对象，语法格式如下。

Canvas 对象.delete (图形对象)

【例 10-38】　删除一个矩形对象。

```
from tkinter import *
root = Tk()
#创建一个 Canvas 对象，设置其背景色为白色
cv = Canvas(root, bg = 'white', width = 200, height = 100)
rt1 = cv.create_rectangle(10, 10, 110, 110, outline = 'red', stipple = 'gray12', fill = 'green')
cv.pack()
rt2 = cv.create_rectangle(10, 10, 110, 110, outline = 'blue')
#删除 rt1
cv.delete(rt1)
```

```
cv.pack()
root.mainloop()
```

为了直观地展示删除图形对象的效果，程序在同一位置绘制了两个矩形 rt1（有背景花纹）和 rt2（没有背景花纹），之后调用 delete ()函数删除矩形 rt1。程序运行结果如图 10-39 所示。

图 10-39　例 10-38 程序的运行结果

由图 10-39 可以看出，只有一个矩形显示在窗口中，矩形 rt1 被删除了。

12. 缩放图形对象

使用 scale()函数可以缩放图形对象，语法格式如下。

```
Canvas 对象.scale(图形对象, x 轴的偏移量, y 轴的偏移量, x 轴的缩放比例, y 轴的缩放比例)
```

【例 10-39】　缩放一个矩形对象。

```
from tkinter import *
root = Tk()
#创建一个 Canvas 对象，设置其背景色为白色
cv = Canvas(root, bg = 'white', width = 200, height = 300)
rt1 = cv.create_rectangle(10, 10, 110, 110, outline = 'red', stipple = 'gray12', fill = 'green')
cv.scale(rt1, 0, 0, 1, 2)
cv.pack()
root.mainloop()
```

程序首先绘制了一个正方形 rt1，然后调用 scale()函数缩放正方形 rt1，将其高放大 2 倍。程序运行结果如图 10-40 所示。

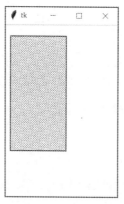

图 10-40　例 10-39 程序的运行结果

13. 为图形对象指定标记

在创建图形对象时可以使用属性 tags 设置图形对象的标记（Tag），示例如下。

```
rt = cv.create_rectangle(10, 10, 110, 110, tags = 'r1')
```

上述语句指定矩形对象 rt 具有一个标记 r1。

也可以同时设置多个标记，示例如下。

```
rt = cv.create_rectangle(10, 10, 110, 110, tags = ('r1', 'r2', 'r3'))
```

那么，指定标记有什么用呢？使用 find_withtag() 函数可以获取指定标记的图形对象，语法格式如下。

```
Canvas 对象.find_withtag(标记名)
```

find_withtag() 函数返回一个图形对象数组，其中包含所有具有指定标记名的图形对象。

使用 find_withtag() 函数可以设置图形对象的属性，语法格式如下。

```
Canvas 对象.find_withtag(图形对象，属性 1 = 值 1，属性 2 = 值 2，… )
```

【例 10-40】　使用属性 tags 设置图形对象的标记。

```
from tkinter import *
root = Tk()
#创建一个 Canvas 对象，设置其背景色为白色
cv = Canvas(root, bg = 'white', width = 200, height = 200)
#设置标记
rt = cv.create_rectangle(10, 10, 110, 110, tags = ('r1', 'r2', 'r3'))
cv.pack()
cv.create_rectangle(20, 20, 80, 80, tags = 'r3')
#将所有与 r3 绑定的 item 边框颜色设置为蓝色
for item in cv.find_withtag('r3'):
    cv.itemconfig(item, outline = 'blue')
```

程序首先绘制了两个矩形，它们都有标记 r3。然后，程序调用 find_withtag() 函数获取所有具有标记 r3 的图形对象。最后，程序调用 itemconfig() 函数设置图形对象的边框为蓝色。程序运行结果如图 10-41 所示。

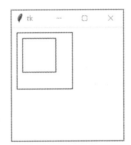

图 10-41　例 10-40 程序的运行结果

10.1.6　Checkbutton 组件

Checkbutton 组件用于在窗口中显示复选框。复选框有选中（On）和未选中（Off）两种状态。

1．创建和显示 Checkbutton 对象

创建 Checkbutton 对象的语法格式如下。

```
Checkbutton 对象 = Checkbutton(tkinter Windows 窗口对象, text = Checkbutton 组件显示的文本,
command = 单击复选框时所调用的对象)
```

显示 Checkbutton 对象的语法格式如下。

```
Checkbutton 对象.pack()
```

【例 10-41】　使用 Checkbutton 组件示例。

```
from tkinter import *
from tkinter.messagebox import *
def CallBack():
    showinfo(title = '', message = '单击我干吗')
```

```
win = Tk()                                    #创建 Windows 窗口对象
win.title("使用 Checkbutton 组件的简单例子")    #设置 Windows 窗口标题
b = Checkbutton(win, text = 'Python Tkinter', command = CallBack)   #创建 Checkbutton 组件
b.pack()                                      #显示 Checkbutton 组件
win.mainloop()
```

运行上述程序，弹出图 10-42 所示窗口。单击窗口中的复选框会调用 CallBack() 函数，弹出一个消息框。

图 10-42　例 10-41 程序的运行结果

2. 获取 Checkbutton 组件的状态

Checkbutton 组件有 On 和 Off 两个状态值，默认状态下 On 为 1，Off 为 0。也可以使用 onvalue 属性设置 Checkbutton 组件被选中时的值，使用 offvalue 属性设置 Checkbutton 组件被取消选中时的值，示例如下。

```
Checkbutton(tkinter Windows 窗口对象, text = 'Checkbutton 组件显示的文本', onvalue = '1',
offvalue = '0',command = 单击复选框时所调用的对象).pack()
root.mainloop()
```

为了获取 Checkbutton 组件的状态，需要使用 variable 属性为 Checkbutton 组件指定一个对应的变量，示例如下。

```
v = StringVar()
Checkbutton(tkinter Windows 窗口对象, variable = v, text = 'Checkbutton 组件显示的文本',
onvalue = '1', offvalue = '0', command = 单击复选框时所调用的对象).pack()
root.mainloop()
```

接着，可以使用 v.get() 函数获取 Checkbutton 组件的状态。

使用 v.set() 函数可以设置 Checkbutton 组件的状态。例如，使用下列语句可以将上述定义的 Checkbutton 组件设置为未选中。

```
v.set('0')
```

【例 10-42】　使用一个 Button 组件获取 Checkbutton 组件的状态。

```
from tkinter import *
root = Tk()
#将一个字符串变量与 Checkbutton 组件绑定，每次单击复选框时，都会输出当前的值
v = StringVar()
def callCheckbutton():
    print(v.get())
Checkbutton(root,
        variable = v,
        text = 'Checkbutton value',
        onvalue = 'python',                  #设置 On 的值
        offvalue = 'tkinter',                #设置 Off 的值
        command = callCheckbutton).pack()
#创建 Button 组件
b = Button(root, text = '获取 Checkbutton 组件状态', command = callCheckbutton, width = 20)
v.set('python')
b.pack()                                     #显示 Button 组件
root.mainloop()
```

程序定义了一个 Button 组件和一个 Checkbutton 组件，使用变量 v 绑定 Checkbutton 组件。单击 Button 组件，程序会调用 callCheckbutton() 函数，在其函数体中使用 v.get() 函数获取 Checkbutton 组件的状态，并使用 print() 函数输出状态。

10.1.7 Entry 组件

Entry 组件用于在窗口中输入单行文本。

1. 创建和显示 Entry 对象

创建 Entry 对象的语法格式如下。

```
Entry 对象 = Entry(tkinter Windows 窗口对象)
```

显示 Entry 对象的语法格式如下。

```
Entry 对象.pack()
```

【例 10-43】　使用 Entry 组件示例。

```
from tkinter import *
win = Tk()                          #创建 Windows 窗口对象
win.title("使用 Entry 组件的简单例子")    #设置 Windows 窗口标题
entry = Entry(win)                  #创建 Entry 组件
entry.pack()                        #显示 Entry 组件
win.mainloop()
```

运行上述程序，弹出图 10-43 所示窗口。

图 10-43　例 10-43 程序的运行结果

2. 获取 Entry 组件的内容

为了获取 Entry 组件的内容，需要使用 textvariable 属性为 Entry 组件指定一个对应的变量，示例如下。

```
e = StringVar()
Entry(tkinter Windows 窗口对象, textvariable = e).pack()
Windows 窗口对象.mainloop()
```

接着就可以使用 e.get() 函数获取 Entry 组件的内容，也可以使用 e.set() 函数设置 Entry 组件的内容。

【例 10-44】　使用一个 Button 组件获取 Entry 组件的内容。

```
from tkinter import *
root = Tk()
#将一字符串变量与 Entry 组件绑定
e = StringVar()
def callbutton():
    print(e.get())
root.title("使用 Entry 组件的简单例子")    #设置 Windows 窗口标题
entry = Entry(root, textvariable = e).pack()
#创建 Button 组件
b = Button(root, text = '获取 Entry 组件的内容', command = callbutton, width = 20)
e.set('python')
b.pack()                            #显示 Button 组件
root.mainloop()
```

程序定义了一个 Button 组件和一个 Entry 组件，使用变量 e 绑定 Entry 组件。单击 Button 组件，程序会调用 callbutton()函数，在其函数体内通过 v.get()函数获取 Entry 组件的状态，并使用 print()函数输出状态。

10.1.8　Frame 组件

Frame 组件是框架控件，用于在屏幕上显示一个矩形区域，作为显示其他组件的容器。

1.　创建和显示 Frame 对象

创建 Frame 对象的语法格式如下。

```
Frame 对象 = Frame(tkinter Windows 窗口对象, height = 高度, width = 宽度, bg = 背景色)
```

显示 Entry 对象的语法格式如下。

```
Frame 对象.pack()
```

【例 10-45】　使用 Frame 组件示例。

```
from tkinter import *
win = Tk()    #创建 Windows 窗口对象
win.title("使用 Frame 组件的简单例子")    #设置 Windows 窗口标题
fm = Frame(win, height = 20, width = 400, bg ='green')    #创建 Frame 组件
fm.pack()    #显示 Frame 组件
win.mainloop()
```

运行上述程序，弹出图 10-44 所示窗口。

图 10-44　例 10-45 程序的运行结果

2.　向 Frame 组件中添加组件

在创建组件时，可以指定其容器为 Frame 组件，示例如下。

```
Label(Frame 对象, text = 'Hello').pack()
```

【例 10-46】　向 Frame 组件中添加一个 Button 组件和一个 Label 组件。

```
from tkinter import *
win = Tk()                                      #创建 Windows 窗口对象
win.title("使用 Frame 组件的例子")               #设置 Windows 窗口标题
fm = Frame(win, height = 100, width = 400, bg = 'green')  #创建 Frame 组件
fm.pack()                                       #显示 Frame 组件
Label(fm, text = 'Hello Python').pack()
Button(fm, text = 'OK').pack()
win.mainloop()
```

3.　LabelFrame 组件

LabelFrame 组件是有标题的 Frame 组件，可以使用 text 属性设置 LabelFrame 组件的标题，语法格式如下。

```
LabelFrame(tkinter Windows 窗口对象, height = 高度, width = 宽度, text = 标题).pack()
```

【例 10-47】　使用带标题的 LabelFrame 组件。

```
from tkinter import *
win = Tk()                          #创建 Windows 窗口对象
win.title("使用 Frame 组件的例子")   #设置 Windows 窗口标题
```

```
fm = LabelFrame(win, height = 100, width = 400, text = 'LabelFrame 组件')  #创建 Frame 组件
fm.pack()         #显示 LabelFrame 组件
Button(fm, text = 'OK').pack()
win.mainloop()
```

程序运行结果如图 10-45 所示。

图 10-45　例 10-47 程序的运行结果

10.1.9　Listbox 组件

Listbox 组件是一个列表框组件，用于在窗口中显示多个文本项。

1. 创建和显示 Listbox 对象

创建 Listbox 对象的语法格式如下。

```
Listbox 对象 = Listbox(tkinter Windows 窗口对象)
```

显示 Listbox 对象的语法格式如下。

```
Listbox 对象.pack()
```

可以使用 insert() 函数向列表框组件中插入文本项，语法格式如下。

```
Listbox 对象.insert(index, item)
```

参数说明如下。

- index：插入文本项的位置，如果在尾部插入文本项，则可以使用 END；如果在当前选中位置插入文本项，则可以使用 ACTIVE。
- item：插入的文本项。

【例 10-48】　使用 Listbox 组件示例。

```
from tkinter import *
root = Tk()
lb = Listbox(root)
for item in ['北京', '天津', '上海']:
    lb.insert(END, item)
lb.pack()
root.mainloop()
```

运行上述程序，弹出图 10-46 所示窗口。

图 10-46　例 10-48 程序的运行结果

2. 设置可多选的列表框

将 selectmode 属性设置为 MULTIPLE，可以获得可多选的列表框。

【例 10-49】　设置可多选的列表框。

```
from tkinter import *
root = Tk()
lb = Listbox(root, selectmode = MULTIPLE)
for item in ['北京', '天津', '上海']:
    lb.insert(END, item)
lb.pack()
root.mainloop()
```

3. 获取 Listbox 组件的内容

为了获取 Listbox 组件的内容，需要使用 listvariable 属性为 Listbox 组件指定一个对应的变量，示例如下。

```
l = StringVar()
Listbox(tkinter Windows 窗口对象, listvariable = l).pack()
root.mainloop()
```

接着就可以使用 e.get()函数获取 Listbox 组件的内容了。

【例 10-50】　使用一个 Button 组件获取 Listbox 组件的内容。

```
from tkinter import *
root = Tk()
#将一字符串变量与Listbox组件绑定
l = StringVar()
def callbutton():
    print(l.get())
root.title("使用Entry组件的简单例子")        #设置Windows窗口标题
lb = Listbox(root, listvariable =l )
for item in ['北京', '天津', '上海']:
    lb.insert(END, item)
lb.pack()
#创建Button组件
b = Button(root, text = '获取Listbox组件的内容', command = callbutton, width = 20)
b.pack()                                #显示Button组件
root.mainloop()
```

程序定义了一个 Button 组件和一个 Listbox 组件，使用变量 e 绑定 Listbox 组件。单击 Button 组件，程序会调用 callbutton()函数，在其函数体内通过 l.get()函数获取 Listbox 组件的内容，并使用 print()函数输出。

10.1.10　Menu 组件

Menu 组件是一个菜单组件，用于在窗口中显示主菜单和下拉菜单。

1. 创建和显示 Menu 对象

创建 Menu 对象的语法格式如下。

```
Menu 对象 = Menu(tkinter Windows 窗口对象)
```

将 Menu 对象显示在窗口中的语法格式如下。

```
tkinter Windows 窗口对象['menu'] = Menu 对象
tkinter Windows 窗口对象.mainloop()
```

可以使用 add_command()函数向 Menu 组件中插入菜单文本项，语法格式如下。

```
Menu 对象.add_command(label = 菜单文本, command = 菜单命令函数)
```

【例 10-51】　使用 Menu 组件示例。

```
from tkinter import *
root = Tk()
def hello():
    print("I'm a menu")
m = Menu(root)
for item in ['系统', '操作', '帮助']:
    m.add_command(label = item, command = hello)
root['menu'] = m
root.mainloop()
```

运行上述程序，弹出图 10-47 所示窗口。

图 10-47　例 10-51 程序的运行结果

2. 添加下拉菜单

例 10-51 中的 Menu 组件，我们只为其创建了主菜单。默认情况下，Menu 组件并不包含下拉菜单。我们可以将一个 Menu 组件作为另一个 Menu 组件的下拉菜单，语法格式如下。

```
Menu 对象 1.add_cascade(label = 主菜单文本, menu = Menu 对象 2)
```

上述语句将 Menu 对象 2 设置为 Menu 对象 1 的下拉菜单。在创建 Menu 对象 2 时，也要指定它是 Menu 对象 1 的下拉菜单，语法格式如下。

```
Menu 对象 2 = Menu(Menu 对象 1)
```

【例 10-52】　使用 add_cascade()函数添加下拉菜单。

```
from tkinter import *
def hello():
    print("I'm a menu")
root = Tk()
m = Menu(root)
filemenu = Menu(m)
for item in ['打开', '关闭', '退出']:
    filemenu.add_command(label = item, command = hello)
m.add_cascade(label = '文件', menu = filemenu)
root['menu'] = m
root.mainloop()
```

程序运行结果如图 10-48 所示。

图 10-48   例 10-52 程序的运行结果

3. 在菜单中添加复选框

使用 add_checkbutton()函数可以在菜单中添加复选框，语法格式如下。

菜单对象.add_checkbutton(label = 复选框的显示文本, command = 菜单命令函数, variable = 与复选框绑定的变量)

【例 10-53】   在"文件"下拉菜单中添加复选框"自动保存"。

```
from tkinter import *
def hello():
    print(v.get())
root = Tk()
v = StringVar()
m = Menu(root)
filemenu = Menu(m)
for item in ['打开', '关闭', '退出']:
    filemenu.add_command(label = item, command = hello)
m.add_cascade(label = '文件', menu = filemenu)
filemenu.add_checkbutton(label = '自动保存', command = hello, variable = v)
root['menu'] = m
root.mainloop()
```

程序运行结果如图 10-49 所示。

图 10-49   例 10-53 程序的运行结果

4. 在菜单中添加单选按钮

使用 add_radiobutton()函数可以在菜单中添加单选按钮，语法格式如下。

菜单对象.add_radiobutton(label = 单选按钮的显示文本, command = 菜单命令函数, variable = 与单选按钮绑定的变量)

【例 10-54】   添加一个"选择语言"下拉菜单，在"选择语言"下拉菜单中添加一组单选按钮，用于选择语言。

```
from tkinter import *
def hello():
    print(v.get())
```

```
root = Tk()
v = StringVar()
m = Menu(root)
filemenu = Menu(m)
filemenu.add_radiobutton(label ='中文', command = hello)
filemenu.add_radiobutton(label ='英语', command = hello)
filemenu.add_radiobutton(label ='法语', command = hello)
m.add_cascade(label ='文件', menu = filemenu)
root['menu'] = m
root.mainloop()
```

程序运行结果如图 10-50 所示。

图 10-50   例 10-54 程序的运行结果

5. 在菜单中添加分隔符

使用 add_separator() 函数可以在菜单中添加分隔符，语法格式如下。

```
菜单对象.add_separator()
```

【例 10-55】   添加一个"文件"下拉菜单，在下拉菜单的"退出"选项上方添加分隔符。

```
from tkinter import *
def hello():
    print(v.get())
root = Tk()
v = StringVar()
m = Menu(root)
filemenu = Menu(m)
filemenu.add_command(label ='打开', command = hello)
filemenu.add_command(label ='关闭', command = hello)
filemenu.add_separator()
filemenu.add_command(label ='退出', command = hello)
m.add_cascade(label ='文件', menu = filemenu)
root['menu'] = m
root.mainloop()
```

程序运行结果如图 10-51 所示。

图 10-51   例 10-55 程序的运行结果

159

10.1.11 Radiobutton 组件

Radiobutton 组件用于在窗口中显示单选按钮。同一组单选按钮内只能有一个单选按钮被选中。也就是说，选中一个单选按钮，则组内其他单选按钮会自动被取消选中。

1. 创建和显示 Radiobutton 对象

创建 Radiobutton 对象的语法格式如下。

```
Radiobutton 对象 = Radiobutton(tkinter Windows 窗口对象, text = Radiobutton 组件显示的文本)
```

显示 Radiobutton 对象的语法格式如下。

```
Radiobutton 对象.pack()
```

【例 10-56】 使用 Radiobutton 组件示例。

```
from tkinter import *
win = Tk()                                  #创建 Windows 窗口对象
win.title("使用 Radiobutton 组件的简单例子")    #设置 Windows 窗口标题
r1 = Radiobutton(win, text = '男')           #创建 Radiobutton 组件
r1.pack()                                    #显示 Radiobutton 组件
r2 = Radiobutton(win, text = '女')           #创建 Radiobutton 组件
r2.pack()                                    #显示 Radiobutton 组件
win.mainloop()
```

运行上述程序，弹出图 10-52 所示窗口。因为没有指定组，所以两个 Radiobutton 组件各成一组。

图 10-52 例 10-56 程序的运行结果

2. 创建 Radiobutton 组

可以使用 variable 属性为 Radiobutton 组件指定一个对应的变量。如果将多个 Radiobutton 组件绑定到同一个变量，则这些 Radiobutton 组件属于一个组。分组后需要使用 value 属性设置每个 Radiobutton 组件的值，以标识相应的单选按钮是否被选中。

【例 10-57】 为例 10-56 中定义的 Radiobutton 组件创建组。

```
from tkinter import *
win = Tk()                                                       #创建 Windows 窗口对象
v = IntVar()
v.set(1)
win.title("使用 Radiobutton 组件的简单例子")                         #设置 Windows 窗口标题
r1 = Radiobutton(win, text = '男', value = 1, variable = v)       #创建 Radiobutton 组件
r1.pack()                                                         #显示 Radiobutton 组件
r2 = Radiobutton(win, text = '女', value=0, variable = v)         #创建 Radiobutton 组件
r2.pack()                                                         #显示 Radiobutton 组件
win.mainloop()
```

10.1.12 Scale 组件

Scale 组件用于在窗口中以滑块的形式选择一个范围内的数字。可以设置选择的最小数字、最大数字和步距值。

1. 创建和显示 Scale 对象

创建 Scale 对象的语法格式如下。

```
Scale 对象 = Scale(tkinter Windows 窗口对象, from_ = 最小值, to = 最大值, resolution =步距值,
orient = 显示方向)
```

显示 Scale 对象的语法格式如下。

```
Scale 对象.pack()
```

【例 10-58】 使用 Scale 组件示例。

```
from tkinter import *
root = Tk()
Scale(root,
     from_ = 0,              #设置最小值
     to = 100,               #设置最大值
     resolution = 1,         #设置步距值
     orient = HORIZONTAL     #设置水平方向
     ).pack()
root.mainloop()
```

运行上述程序，弹出图 10-53 所示窗口。

图 10-53 例 10-58 程序的运行结果

2. 获取 Scale 组件的值

为了获取 Scale 组件的值，需要使用 variable 属性为 Scale 组件指定一个对应的变量，示例如下。

```
v = StringVar()
Scale(root,
     from_  = -0,            #设置最小值
     to = 100,               #设置最大值
     resolution = 1,         #设置步距值
     orient = HORIZONTAL,    #设置水平方向
     variable = v
     ).pack()
root.mainloop()
```

接着就可以使用 v.get()函数获取 Scale 组件的值了，也可以使用 v.set()函数设置 Scale 组件的值。例如，使用下列语句可以将上述定义的 Scale 组件的值设置为 50。

```
v.set(50)
```

【例 10-59】 使用一个 Button 组件获取 Scale 组件的值。

```
from tkinter import *
root = Tk()
v = IntVar()
```

```
def callScale():
    print(v.get())
Scale(root,
      from_ = 0,                #设置最小值
      to = 100,                 #设置最大值
      resolution = 1,           #设置步距值
      orient = HORIZONTAL,      #设置水平方向
      variable = v
      ).pack()
b = Button(root, text = '获取 Scale 组件的值', command = callScale, width = 20) #创建 Button 组件
v.set(50)
b.pack()                        #显示 Button 组件
```

程序定义了一个 Button 组件和一个 Scale 组件，使用变量 v 绑定 Scale 组件。单击 Button 组件，程序会调用 callScale()函数，在其函数体内通过 v.get()函数获取 Scale 组件的值，并使用 print()函数输出。

10.1.13　Text 组件

Text 组件用于在窗口中输入多行文本。

1.　创建和显示 Text 对象

创建 Text 对象的语法格式如下。

```
Text 对象 = Text(tkinter Windows 窗口对象)
```

显示 Text 对象的语法格式如下。

```
Text 对象.pack()
```

【例 10-60】　使用 Text 组件示例。

```
from tkinter import *
win = Tk()                      #创建 Windows 窗口对象
win.title("使用 Text 组件的简单例子")   #设置 Windows 窗口标题
t = Text(win)                   #创建 Text 组件
t.pack()                        #显示 Text 组件
win.mainloop()
```

运行上述程序，弹出图 10-54 所示窗口。

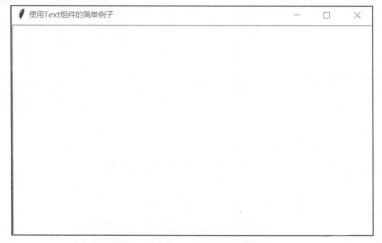

图 10-54　例 10-60 程序的运行结果

2. 添加文本内容

使用 insert() 函数可以向 Text 组件中添加文本内容，语法格式如下。

```
Text 组件.insert(插入位置, 插入的字符串)
```

插入位置是一个浮点数，整数部分表示插入的行数，小数部分表示插入的列数。

【例 10-61】　使用 insert() 函数向 Text 组件添加文本内容。

```python
from tkinter import *
root = Tk()
t = Text(root)
t.insert(1.0, '0123456789')
t.insert(1.5, 'inserted')
t.pack()
root.mainloop()
```

程序首先向 Text 组件的第 1 行第 0 列处插入 "0123456789"，然后向 Text 组件的第 1 行第 5 列处插入 "inserted"。程序运行结果如图 10-55 所示。

图 10-55　例 10-61 程序的运行结果

10.2　窗口布局

10.1 节介绍了常用 tkinter 组件的使用方法，如果不特殊指定，则 tkinter 组件会被放置在窗口的默认位置。当设计比较复杂的界面时，就需要考虑窗口的布局。

10.2.1　pack() 函数

pack() 函数以块的方式组织组件。前面已经介绍了 pack() 函数最简单的用法，即直接将组件显示在默认位置。

pack() 函数的语法格式如下。

```
组件对象.pack(参数, …)
```

pack() 函数的常用参数如表 10-11 所示。

表 10–11　pack() 函数的常用参数

参数	说明
expand	可取值为'yes'、自然数、'no'、0（默认值为'no'或 0）。当值为'yes'时，side 参数无效，组件显示在父组件的中心位置；如果 fill 参数为'both'，则填充父组件的剩余空间

续表

参数	说明
fill	填充 x 或 y 轴方向上的空间。当属性 side 为'top'或'bottom'时，填充 x 轴方向；当属性 side 为'left'或'right'时，填充 y 轴方向；当 expand 参数为'yes'时，填充父组件的剩余空间
ipadx、ipady	组件内部在 x（y）轴方向上填充的空间大小，默认单位为像素，可选单位为 c（厘米）、m（毫米）、i（英寸）、p（打印机的点，即 $\frac{1}{72}$ 英寸），使用时直接在数值后追加单位后缀即可
padx、pady	组件外部在 x（y）轴方向上填充的空间大小，默认单位为像素，可选单位为 c（厘米）、m（毫米）、i（英寸）、p（打印机的点，即 $\frac{1}{72}$ 英寸），使用时直接在数值后追加单位后缀即可
side	定义停靠在父组件的哪一边。可取值为'top'、'bottom'、'left'、'right'，默认为'top'
before	将当前组件打包放置在指定组件对象之前，其效果等同于先初始化当前组件，再初始化目标组件
after	将当前组件打包放置在指定组件对象之后，其效果等同于先初始化目标组件，再初始化当前组件
in_	将本组件作为所选组件对象的子组件
anchor	对齐方式，'w'表示左对齐，'e'表示右对齐，'n'表示顶对齐，'s'表示底对齐

【例 10-62】 使用 pack()函数组织组件。

```
from tkinter import *
root = Tk()
lb = Listbox(root)
for item in ['北京', '天津', '上海']:
    lb.insert(END, item)
lb.pack(expand = 'yes', fill = 'both')
root.mainloop()
```

运行上述程序，弹出图 10-56 所示窗口。改变窗口的大小，Listbox 组件的大小也会随之改变。

图 10-56　例 10-62 程序的运行结果

10.2.2　grid()函数

grid()函数以类似表格的方式组织组件。grid()函数的语法格式如下。

```
组件对象.pack(参数, …)
```

grid()函数的常用参数如表 10-12 所示。

表 10-12　grid()函数的常用参数

参数	说明
column	组件所在单元格的列号
columnspan	从组件所在单元格算起在列方向上的跨度
ipadx、ipady	组件内部在 x（y）轴方向上填充的空间大小，默认单位为像素，可选单位为 c（厘米）、m（毫米）、i（英寸）、p（打印机的点，即 $\frac{1}{72}$ 英寸），使用时直接在数值后追加单位后缀即可

续表

参数	说明
padx、pady	组件外部在 x（y）轴方向上填充的空间大小，默认单位为像素，可选单位为 c（厘米）、m（毫米）、i（英寸）、p（打印机的点，即 $\frac{1}{72}$ 英寸），使用时直接在数值后追加单位后缀即可
row	组件所在单元格的行号
rowspan	从组件所在单元格算起在行方向上的跨度
in_	将本组件作为所选组件对象的子组件
sticky	组件在所属单元格内的对齐方式，'w'表示左对齐，'e'表示右对齐，'n'表示顶对齐，'s'表示底对齐，'nw'表示左上对齐，'sw'表示左下对齐，'se'表示右下对齐，'ne'表示右上对齐，'center'表示居中对齐。默认为'center'

【例 10-63】　使用 grid()函数组织组件，定义一个登录对话框。

```python
from tkinter import *
from tkinter import ttk
def calculate(*args):
    try:
        value = float(feet.get())
        meters.set((0.3048 * value * 10000.0 + 0.5)/10000.0)
    except ValueError:
        pass


root = Tk()
root.title("Feet to Meters")
mainframe = ttk.Frame(root, padding = "3 3 12 12")
mainframe.grid(column = 0, row = 0, sticky = (N, W, E, S))
mainframe.columnconfigure(0, weight = 1)
mainframe.rowconfigure(0, weight = 1)
feet = StringVar()
meters = StringVar()
ttk.Label(mainframe, text = "用户名" ).grid(column = 1, row = 1, sticky = (W, E))
uname_entry = ttk.Entry(mainframe, width = 10)
uname_entry.grid(column = 2, columnspan = 2, row = 1, sticky = (W, E))
ttk.Label(mainframe, text = "密 码" ).grid(column = 1, row = 2, sticky = (W, E))
pass_entry = ttk.Entry(mainframe, width = 10, textvariable = feet)
pass_entry.grid(column = 2, columnspan = 2, row = 2, sticky = (W, E))
ttk.Button(mainframe, text = "确 定").grid(column = 2, row = 3, sticky = W)
ttk.Button(mainframe, text = "取 消").grid(column = 3, row = 3, sticky = W)
#每个组件的距离为5px
for child in mainframe.winfo_children(): child.grid_configure(padx = 5, pady = 5)
uname_entry.focus()
root.mainloop()
```

运行上述程序，弹出图 10-57 所示窗口。因为组件的最大行数和最大列数都是 3，所以窗口被划分为 3×3 的网格，如图 10-58 所示。因为两个 Entry 组件的 columnspan 属性被设置为 2，所以它们占据了两列空间。

图 10-57　例 10-63 程序的运行结果　　图 10-58　窗口被划分为 3×3 的网格

10.2.3　place()函数

place()函数使用绝对坐标将组件放到指定的位置。place()函数的语法格式如下。

```
组件对象.pack(参数，…)
```

place()函数的常用参数如表 10-13 所示。

表 10-13　　place()函数的常用参数

参数	说明
x、y	将组件放到指定位置的绝对坐标
relx、rely	将组件放到指定位置的相对坐标，取值范围为 0～1
anchor	控制文字对象的对齐方式，'w'表示左对齐，'e'表示右对齐，'n'表示顶对齐，'s'表示底对齐，'nw'表示左上对齐，'sw'表示左下对齐，'se'表示右下对齐，'ne'表示右上对齐，'center'表示居中对齐。默认值为'center'
height、width	高度和宽度，单位为像素

【例 10-64】　使用 place()函数组织组件，定义一个登录对话框。

```
from tkinter import *
root = Tk()
lb = Label(root, text = 'hello Python')
#使用绝对坐标将 Label 组件放置到(50,50)位置上
lb.place(x = 50, y = 50, anchor = NW)
root.mainloop()
```

运行上述程序，弹出图 10-59 所示窗口。

图 10-59　例 10-64 程序的运行结果

10.3　tkinter 字体

可以利用字体模块 tkFont 设置组件的字体。

10.3.1　导入 tkFont 模块

导入 tkFont 模块的语法格式如下。

```
from tkinter import *
import tkFont
```

10.3.2　设置组件的字体

在设置组件字体前要创建一个 tkFont 对象，语法格式如下。

```
tkFont 对象 = tkFont.Font(family = 字体名称, size = 字体大小, 字体样式 = 样式值)
```

常用的字体样式如表 10-14 所示。

表 10–14 常用的字体样式

字体样式	说明
weight	等于 tkFont.BOLD，表示加粗；等于 tkFont.NORMAL，表示正常字体
slant	等于 tkFont.ITALIC，表示斜体；等于 tkFont.NORMAL，表示正常字体
underline	等于 1，表示下画线字体；等于 0，表示正常字体
overstrike	等于 1，表示删除线字体；等于 0，表示正常字体

在组件中，可以使用 font 属性设置组件字体。以 Label 组件为例，设置其字体的语法格式如下。

```
Label(root, text = 'hello sticky', font = tkFont 对象).grid()
```

【例 10-65】 设置 Label 组件的字体。

```
from tkinter import *
import tkinter.font as tkFont
root = Tk()
#指定字体名称、大小、样式
ft1 = tkFont.Font(family = '隶书文字', size = 20, overstrike = 1)
#设置 Label 组件字体
Label(root, text = '删除线', font = ft1).grid()
ft2 = tkFont.Font(family = '隶文字书', size = 20, slant = tkFont.ITALIC)
Label(root, text = '斜体', font = ft2).grid()
ft1 = tkFont.Font(family = '隶书文字', size = 20, weight = tkFont.BOLD)
Label(root, text = '你好', font = ft1).grid()
ft1 = tkFont.Font(family = '隶书文字', size = 20, underline = 1)
Label(root, text = '下画线', font = ft1).grid()
root.mainloop()
```

运行上述程序，弹出图 10-60 所示窗口。

图 10-60 例 10-65 程序的运行结果

10.4 事件处理

tkinter 可以很方便地对事件做出响应，并进行处理。

事件通常指程序中发生的事，如单击一个按钮、移动鼠标指针或按下某个键。每一种控件都有自己可以识别的事件。

程序可以使用事件处理函数来指定当触发某个事件时所做的操作。

可以使用 bind() 函数将事件与事件处理函数绑定在一起，语法格式如下。

```
tkinter 组件.bind(事件名, 事件处理函数)
```

1. 键盘事件

当按下键盘上的某个键时触发 KeyPress 事件。KeyPress 事件的事件名为 "<Key>" 或 "<KeyPress>"，在事件处理函数中可以有一个参数 event，通过 event.char 可以获取按键的信息。

【例 10-66】 触发 KeyPress 事件示例。

```python
from tkinter import *
from tkinter.messagebox import *
def press(event):
    print('按下'+event.char)
win = Tk()                               #创建 Windows 窗口对象
win.title("KeyPress 事件的简单例子")       #设置 Windows 窗口标题
t = Text(win)
t.bind("<KeyPress>", press)
t.pack()
win.mainloop()
```

程序在窗口中定义了一个 Text 组件，当在 Text 组件上触发 KeyPress 事件时调用 press()函数，输出按下的键。

运行上述程序，弹出图 10-61 所示窗口。

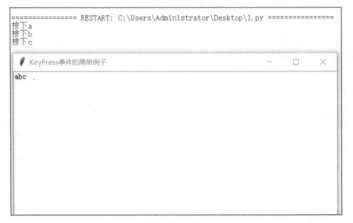

图 10-61 例 10-66 程序的运行结果

当松开键盘上的某个键时触发 KeyRelease 事件。KeyRelease 事件的事件名为"<KeyRelease>"，在事件处理函数中可以有一个参数 event，通过 event.char 可以获取按键的信息。

【例 10-67】 触发 KeyRelease 事件示例。

```python
from tkinter import *
from tkinter.messagebox import *
def Release(event):
    print('松开'+event.char)
win = Tk()                               #创建 Windows 窗口对象
win.title("KeyRelease 事件的简单例子")     #设置 Windows 窗口标题
t = Text(win)
t.bind("<KeyRelease>", Release)
t.pack()
win.mainloop()
```

程序在窗口中定义了一个 Text 组件，当在 Text 组件上触发 KeyRelease 事件时调用 Release ()函数，输出松开的键。

2. 鼠标事件

与鼠标有关的事件如表 10-15 所示。

表 10–15　与鼠标有关的事件

事件	说明
ButtonPress	按下鼠标某键
ButtonRelease	释放鼠标某键
Motion	选中组件并拖曳时触发
Enter	当鼠标指针移到某组件时触发
Leave	当鼠标指针移出某组件时触发
MouseWheel	当鼠标滚轮滚动时触发

当按下不同的鼠标按键时，会触发不同的 ButtonPress 事件，事件名为<ButtonPress-n>（也可以缩写为<Button-n>），n 为 1 时，表示鼠标左键；n 为 2 时，表示鼠标中键（一般为鼠标滚轮）；n 为 3 时，表示鼠标右键。

【例 10-68】　触发 ButtonPress 事件示例。

```
from tkinter import *
from tkinter.messagebox import *
def Release(event):
    print('松开'+event.char)

win = Tk()                              #创建 Windows 窗口对象
win.title("KeyRelease 事件的简单例子")      #设置 Windows 窗口标题
t = Text(win)
t.bind("<ButtonPress-1>", Release)
t.pack()
win.mainloop()
```

程序定义了一个 Text 组件，单击 Text 组件会弹出一个对话框。

3. 窗口事件

与窗口有关的事件如表 10-16 所示。

表 10–16　与窗口有关的事件

事件	说明
Visibility	当组件变为可视状态时触发
Unmap	当组件由显示状态变为隐藏状态时触发
Map	当组件由隐藏状态变为显示状态时触发
FocusIn	组件获得焦点时触发
FocusOut	组件失去焦点时触发
Configure	改变组件大小时触发
Property	当窗口的属性被删除或改变时触发
Destroy	组件被销毁时触发
Activate	与组件的 state 属性有关，表示组件由不可用转为可用
Deactivate	与组件的 state 属性有关，表示组件由可用转为不可用

【例 10-69】　触发 FocusIn 事件和 FocusOut 事件示例。

```
from tkinter import *
def FocusIn(event):
    print('hello')
def FocusOut(event):
    print('byebye~')
win = Tk()                                          #创建 Windows 窗口对象
```

```
win.title("FocusIn 和 FocusOut 事件的简单例子")          #设置 Windows 窗口标题
t = Text(win)
t.bind("<FocusIn>", FocusIn)
t.bind("<FocusOut>", FocusOut)
t.pack()
win.mainloop()
```

程序定义了一个 Text 组件，当 Text 组件得到焦点时，程序输出 "hello"；当 Text 组件失去焦点时，程序输出 "byebye~"。

习题

一、选择题

1. 下列有关图形用户界面应用程序开发的模块中，（   ）是 Python 自带的标准模块。

    A. PyQt   B. tkinter   C. Kivy   D. wxPython

2. 下列 Python 语句中，（   ）的功能是创建顶层窗口。

    A. import tkinter as tk   B. top = tk.Tk()

    C. top.title("第 1 个 tkinter 窗口")   D. top.mainloop()

3. 通过调用组件的 pack()函数，可把组件放置在上一级对象中，并在窗口中保持向上、居中对齐。当组件数量增多时，pack()函数默认会将组件依次（   ）。

    A. 向上摆放   B. 向左摆放   C. 向右摆放   D. 向下摆放

4. 在图形用户界面应用程序中建立一个标签对象，需要使用 tkinter 模块中的（   ）。

    A. Label 组件   B. Message 组件   C. Text 组件   D. Entry 组件

5. 下列关于 Label 组件的描述，错误的是（   ）。

    A. 对于 Label 组件中的文字，可以在程序中根据需要修改其样式

    B. 对于 Label 组件中的文字，在程序的运行界面中可以被用户随意修改

    C. Label 组件的功能一般是显示一些提示性信息

    D. Label 组件中除了可以显示文字信息，还可以显示图片

6. 在图形用户界面应用程序中建立组件对象时，如果想在初始化时设置组件对象的背景颜色，则应该在调用初始化方法时指定（   ）参数的内容。

    A. back   B. background   C. backcolor   D. backgroundcolor

7. 编写图形用户界面应用程序时，使用容器对象的 place()函数可以将组件摆放在其中，若 place()函数的参数 x 和 y 均为 0，则这个组件将被摆放在容器对象的（   ）。

    A. 左上角   B. 左下角   C. 右上角   D. 右下角

8. 在图形用户界面应用程序中，通常可以使用组件对象的 bind(event, func)函数将特定事件 event 绑定至事件处理函数 func()上，当参数 event 的值为"<Button-1>"时，表示在（   ）时调用事件处理函数 func()。

    A. 单击鼠标左键   B. 右击

    C. 单击鼠标中键   D. 单击鼠标任意键

9. 弹出消息框是图形用户界面应用程序最基本的功能，使用（   ）函数可以实现此功能。

    A. tkinter()   B. tkinter.messagebox()

    C. tkinter.dialog()   D. tkinter.form()

10. 使用（　　）属性可以实现在 Label 组件中显示位图。

    A. bitmap　　　　　B. picture　　　　　C. image　　　　　D. img

11. （　　）组件用于在窗口中输入单行文本。

    A. Entry　　　　　B. Label　　　　　C. Scale　　　　　D. Text

12. （　　）函数以块的方式组织组件。

    A. grid()　　　　　B. place()　　　　　C. mainloop()　　　　　D. pack()

二、编程题

1. 编写程序，实现以下功能：创建图 10-62 所示的窗口程序，用户在文本框中输入文本并单击窗口中的"文本复制"按钮后，"标签 1"将被修改为文本框中用户输入的内容。

图 10-62　第 1 题参考图

2. 编写程序，实现图 10-63 所示的窗口，窗口中显示文本"我的第 1 个窗口程序"。

图 10-63　第 2 题参考图

附录 1 PyCharm 的安装与使用

本书前面程序编写主要使用的是 Python 自带的文本编辑器 IDLE。

当前，很多程序编写人员习惯使用 PyCharm 作为开发环境。PyCharm 是一种 Python 集成开发环境（Integrated Developmend Environment，IDE），带有一整套可以帮助用户在使用 Python 开发程序时提高其效率的工具，如调试、语法高亮、Project 管理、代码跳转、智能提示、自动完成、单元测试、版本控制。此外，它还提供了一些高级功能，用于支持 Django 框架下的专业 Web 开发。

1. PyCharm 的下载与安装

（1）下载

从官网下载最新的 PyCharm 版本，建议选择免费的"Community"版本。

（2）安装

下载完成后，直接双击下载完成的扩展名为".exe"的文件进行安装。附图 1-1～附图 1-4 所示为安装过程，具体操作这里不赘述。

附图 1-1 PyCharm 安装向导 1

附图 1-2 PyCharm 安装向导 2

附图 1-3 PyCharm 安装向导 3

附图 1-4 PyCharm 安装向导 4

附图 1-3 中的安装选项，建议全部选中。

2. PyCharm 的简单使用

安装成功后，首次打开 PyCharm，界面如附图 1-5 所示。

单击界面中间的"新建项目"按钮，进入附图 1-6 所示界面，界面中的"位置"文本框中的路径是新建项目工程的路径，设置完成后，单击"创建"按钮。

附图 1-5　PyCharm 欢迎界面

附图 1-6　新建项目工程

新建工程完成后，在该工程下，创建一个新的 Python 源文件"1.py"，如附图 1-7 所示。

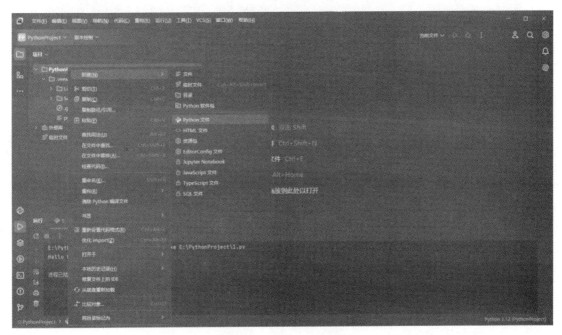

附图 1-7　新建 Python 源文件

在 Python 源文件新建完成后，就可以在窗口右侧的编辑框中编辑 Python 源代码，如附图 1-8 所示。

源代码编辑完成后，执行"运行"→"运行'1.py'"菜单命令，或单击窗口右上角的▷按钮，即可显示程序运行结果，如附图 1-9 所示。

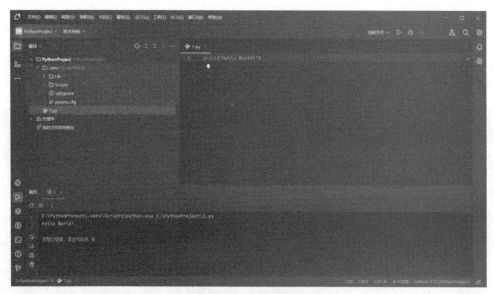

附图 1-8　编辑源代码

附图 1-9　显示程序运行结果

附录 2　AI 大模型辅助编程

随着人工智能（Artificial Intelligence，AI）技术的快速发展，AI 大模型在编程领域的应用日益广泛。AI 大模型，特别是基于深度学习的自然语言处理模型，如 GPT 系列、Codex 等，已经在代码生成、代码补全、代码翻译、代码调试和优化等方面展现出强大的能力。

目前，市面上有许多 AI 大模型工具可以辅助编程，以下是一些主流的工具。

• Copilot：作为 GitHub 与 OpenAI 携手打造的先进工具，依托于 OpenAI 强大的 Codex 模型，广泛支持 Python、JavaScript、TypeScript、Go 等编程语言。它能够根据代码的上下文及用户的自然语言描述，智能地生成代码建议，涵盖代码补全、函数自动生成及单元测试编写等功能，极大地提升了开发效率。更令人称道的是，Copilot 已无缝集成于 Visual Studio Code 等主流 IDE 中，为用户带来极为便捷的使用体验。

• CodeWhisperer：作为亚马逊（Amazon）倾力打造的智能编程工具，依托于其自研的先进大模型技术，广泛兼容 Python、Java、JavaScript 等编程语言。该工具能够深刻理解代码上下文及注释内容，精准地提供代码建议，助力开发者高效编码。它还内置了安全漏洞检测功能，能够在编码过程中及时发现并提示潜在的安全风险，帮助开发者编写出更加安全可靠的代码。此外，CodeWhisperer 已深度集成于 JetBrains 系列 IDE 及 Visual Studio Code 中，为开发者带来无缝且便捷的使用体验。

• DeepSeek：由国内深度求索公司匠心打造，它基于深度求索公司自研的先进大模型技术，能够全面支持 Python、C++、Java 等编程语言。这一创新工具允许用户依据自然语言描述轻松生成代码，并贴心地提供了代码解释、调试及优化功能，极大地提升了编程效率与质量。DeepSeek 还配备了一个在线交互式编程环境，为初学者提供了一个理想的学习与探索平台，让编程之旅变得更加生动有趣且富有成效。

本附录将以 DeepSeek 为例，详细介绍如何利用 AI 大模型辅助 Python 编程，帮助读者提高编程效率、降低学习门槛，并探索 AI 大模型辅助编程的潜力和局限。

1. 代码生成

DeepSeek 在代码生成方面表现出色，可以根据自然语言描述或代码上下文生成高质量的代码。

（1）根据自然语言描述的功能需求生成代码

在编程时，通过问答方式，可以让 AI 大模型根据自然语言描述生成满足需求的参考代码。例如，可以使用自然语言描述"编写一个函数，计算两个数的和"，DeepSeek 会生成附图 2-1 所示的 Python 代码。

（2）根据代码上下文自动补全代码

在编程时，通过问答方式，可以让 AI 大模型根据代码上下文自动补全代码。例如，在编写一个用于遍历列表中所有元素的 for 循环语句时，DeepSeek 会根据当前代码的上下文自动补全循环条件及循环体内的操作，如附图 2-2 所示。

附图 2-1　DeepSeek 根据自然语言描述生成代码

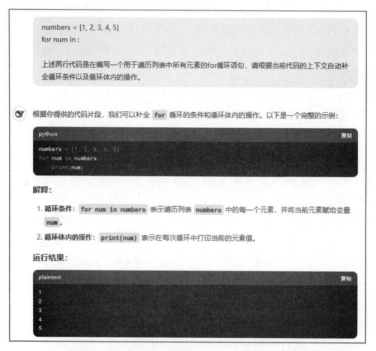

附图 2-2　DeepSeek 根据代码上下文自动补全代码

2. 代码调试

AI 大模型可以帮助开发者快速定位和修复代码中的错误。

（1）识别代码中的错误和潜在问题

AI 大模型可以分析代码，并识别语法错误、逻辑错误和潜在的性能问题。例如，AI 大模型可以识别出未定义的变量、类型不匹配、死循环等问题。

以下代码用于计算列表中所有数字的平方和，但代码中存在一个错误。

```python
def sum_of_squares(numbers):
    total = 0
    for number in numbers:
        total += number * number
    print("The sum of squares is: ", total)
numbers = [1, 2, 3, 4, 5]
sum_of_squares(nubmers)
```

运行上述代码会抛出一个 NameError，因为 nubmers 变量未定义。现在，我们使用 DeepSeek 来帮助我们定位和修复这个错误，如附图 2-3 所示。

附图 2-3　DeepSeek 识别代码中的错误和潜在问题

通过附图 2-3 可以看到，DeepSeek 不仅识别出代码中的错误，还给出了修正后的代码和运行结果。

（2）解释错误信息并提供解决方案

AI 大模型可以解释错误信息，并提供可能的解决方案，以帮助用户快速定位和修复错误。例如，运行 Python 程序时出现"IndexError: list index out of range"错误，DeepSeek 可给出错误原因，并给出相关建议，如附图 2-4 所示。

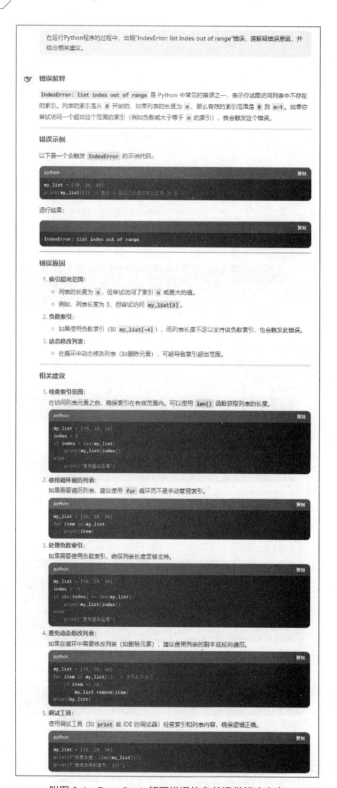

附图 2-4　DeepSeek 解释错误信息并提供解决方案

3. 代码优化

AI 大模型可以帮助开发者优化代码性能，提高代码质量。

（1）分析代码性能瓶颈

AI 大模型可以分析代码的时间开销、内存占用等性能指标，并识别性能瓶颈。例如，AI 大模型可以识别出代码中耗时较多的循环、重复计算等问题。

（2）提供代码优化建议

AI 大模型可以根据性能分析结果，提供代码优化建议，如使用更高效的算法、减少不必要的计算等。

考虑到篇幅有限，代码优化部分不再给出具体的示例，读者可以在 AI 大模型的对话窗口中先粘贴原始代码，然后给出指令"请对上述的程序代码进行优化"，即可查看 AI 大模型对程序代码的优化结果和优化说明。

4. 代码解释

AI 大模型可以帮助开发者理解代码的功能和实现逻辑。

（1）解释代码的功能和实现逻辑

AI 大模型可以解释代码的功能和实现逻辑，帮助用户理解代码的含义。例如，AI 大模型可以解释一个复杂的算法实现，或者解释一段代码的业务逻辑。

（2）生成代码注释和文档

AI 大模型可以根据代码生成注释和文档，以便用户阅读和维护代码。例如，AI 大模型可以为一个函数生成注释，解释函数的输入、输出和功能。

考虑到篇幅有限，代码解释部分也不再给出具体的示例，读者可以在 AI 大模型的对话窗口中先粘贴原始代码，然后给出指令"请对上述的程序代码进行解释"，即可查看 AI 大模型对程序代码的解释说明。

5. 注意事项

尽管 AI 大模型在辅助编程方面表现出色，但仍有一些注意事项需要用户牢记。

（1）生成的代码可能存在错误或不合理之处

对于 AI 大模型生成的代码，用户需要仔细检查和测试，以确保其正确性和合理性。例如，AI 大模型可能会生成不符合业务逻辑的代码，或者忽略一些边界情况。

（2）对代码的理解和解释可能存在偏差

AI 大模型对代码的理解和解释可能存在偏差，用户需要结合自身的知识进行判断。例如，AI 大模型可能会误解代码的意图，或者提供不准确的解释。

（3）不要过度依赖 AI 大模型

AI 大模型只能作为编程的辅助工具，不能完全替代用户进行思考和判断。用户需要保持批判性思维，理解代码的逻辑和实现细节，避免过度依赖 AI 大模型。

在这里建议本书读者，先学好 Python 编程基础知识，在具备基本编程及程序评判能力的基础上，再使用 AI 大模型辅助编程，这样才能够让自己具备较高的编程水平。

参考文献

[1] 王欣，王文兵. Python 基础教程[M]. 2 版. 北京：人民邮电出版社，2018.

[2] 薛景. Python 程序设计基础教程（慕课版）[M]. 2 版. 北京：人民邮电出版社，2023.

[3] 嵩天，黄天羽，杨雅婷. Python 语言程序设计基础[M]. 3 版. 北京：高等教育出版社，2024.

[4] 张莉，金莹，张洁，等. Python 程序设计[M]. 2 版. 北京：高等教育出版社，2022.

[5] 王静红，傅志斌. Python 程序设计基础[M]. 北京：人民邮电出版社，2024.

[6] 教育部教育考试院. 全国计算机等级考试二级教程：Python 语言程序设计[M]. 北京：高等教育出版社，2022.

[7] 董付国. Python 程序设计[M]. 3 版. 北京：清华大学出版社，2020.